Rabat, im Nov. '05

CW01677207

Liebe Jul

als Erinnerung an Dei-
ne Zeit in Marokko
möchte ich Dir dieses Buch

A André Azoulay

A tous ceux qui oeuvrent pour l'épanouissement
de Mogador Essaouira Tassort

vermachen, das ich selbst
im Sommer in Frankreich
gefunden habe. Zurück
in Europa wirst Du be-
stimmt auch viele
Dinge entdecken, die
Dich an den Maghreb
erinnern.

Alles Gute, auf ein
baldiges
Wiedersehen, Martina

Publié avec le concours
du Service de Coopération et d'Action Culturelle de
l'Ambassade de France au Maroc

© A. Retnani
ISBN 9981-09-023-9
D.L 2004/1811
Rue Essanaani, ex.Angle rues Daguerre et Chevreuil
-Bourgogne- Casablanca

IMP. EL MAARIF AL JADIDA - RABAT 2004

Tayeb Saddiki

Mogador fabor

Roman

M.Y.B Retnani
EDDIF

"Nous les Mogadoriens, nous avons toujours devancé les autres dans bien des domaines. Personne ne le sait parce que nous sommes timides et modestes. Un exemple, Bozambo, notre champion de boxe, n'a-t-il pas mordu et sectionné l'oreille gauche de son adversaire cinquante ans avant Mike Tyson".

Anonyme

"Je suis bien à Mogador parce que je suis moins bien ailleurs".

Ould El Fqih Al Marrakchi

Aube 3

Fais-toi nuage, dit-elle

Pendant qu'il revient au vent
De disperser la crête des vagues,
A la mer au féminin déchirée
D'être tout entière dans l'offrande
De sa chevelure d'algue,

Dans le recul manifesté d'un ciel perdu, si tu n'es
Ce passant hypothétique sur la berge,
Si ton âme n'est diffractée
De mots irréductibles
De cette sensation transitive
Qui précède le frémissement de la pensée,

Alors où est ta demeure
Mendiant du sens
Que le poème excessif et durable dans sa rigueur
Est comme brisé,
En proie à un rêve où tu marches, disant :
Que ferais-je de cette mort condensée et si loin
Qu'à imaginer la suite du voyage
C'est un abîme qui me regardera toujours
Depuis l'étoile effacée
Comme si, dans ta prééminence sur la pierre,

Dans la lente dérive du paysage, tu étais
Pays hors d'atteinte, lieu de son absence,
Projection même du cri
Qui ne sache où se trouve le reste de la terre

Mostafa Nissabouri

" Mes chers Souiris, mes frères de chair et de sang, nobles compagnons visionnaires, il n'y a pas d'invraisemblance, vous le savez, vous habitez la limite effacée entre les ténèbres et la lumière, il n'y a pas d'invraisemblance à jouer avec la combinatoire des signes mobiles, l'algèbre pour l'histoire à venir, ce capital, ce don privilégié offert à certaines villes. Essaouira ! Essaouira ! Essaouira ! Dikr ! Dikr ! Répète ! Répète ! scande à l'infini jusqu'à l'extase, l'oubli, la déchirure, l'aube de l'enfant naissant. Essaouira ! Essaouira ! murmure intime, la parole s'efface, s'évanouit dans la gloire d'un silence souverain. Ecoute ! écoute battre le cœur de cette terre ancestrale. Ecoute ! si tu es l'amant de cette ville, recueille-toi, recueille-toi ! viens pieds nus, le cœur vierge, viens te recueillir. Chasse d'une main vive les mouches, les bavards, les méchants éhontés, les prostituées savantes. Ecoute ! la mer est entrée dans la ville, murs ville et port sont immergés dans l'océan accourant crinière au vent. El Madjoub, l'amant inspiré, est dans nos murs. Ne lui jetez pas des pierres, épargnez-lui les sarcasmes sacrilèges. Ecoute la parole haute, droite. Ecoute, écoutez l'éclat pourpre de la ghaïta, la voix sereine de la lira, le sourd battement du bendir. La mer monte lentement, la terre s'efface à l'horizon. La mer a bu le pas des charlatans, lavé le maquillage criard des prostituées. Jette au feu la parure du mensonge ".

Edmond Amran El Maleh

AVANT – LIRE

Rien ne coûte plus cher que le dédain de ses origines.

Que sont les fantômes devenus qui hantent nos yeux et notre mémoire ?

Mogador était une île en dérive ou plutôt des glaces sans entrée ni sortie.

Revenir obstinément à Mogador, le grain de beauté du Royaume, en faisant des décors privilégiés des souvenirs d'enfance.

Plus que des décors, des personnages à part entière, énigmes vivantes, à l'humour imprévisible. Un port asséché, ouvert à tous les vents, l'odeur de l'huile argane, le fiel d'un regard de femme, le temps à peine perceptible d'une secousse, un chalutier laissant lire à la brume les déplacements des mouettes.

Ici, il n'y a rien à expliquer.

Il faut savoir déceler la malice du vieux brocanteur dans son échoppe, le toussotement agacé du notable au sortir d'une mosquée, le geste fatigué du marqueteur, sans oublier le bruit des portes toujours entrouvertes à la tombée de la nuit.

Ici chaque signe a valeur d'indice.

J'entame une promenade tranquille comme la lecture d'un livre où je mêle mes propres souvenirs.

Tracer une ligne droite dans la mémoire de Mogador, ville faite de sociabilité discrète, de rencontres furtives, de sensibilité aux nuages et aux pierres, aux hommes illustres et aux inconnus de l'histoire, à l'air du temps et à son immobilité.

Cité étrange, naguère défavorisée et fragile, sombre et âpre beauté, il y a du bonheur dans ce mélange de lieux opulents, de climat, et d'intelligence cordiale propre à ses habitants.

Les communautés qui ont atterri ici n'étaient pas tout à fait heureuses dans leur terre d'origine.

Des images, qui font le tour des images, disent sa singularité ou plutôt son insularité.

Il y a sur la surface de la terre des points privilégiés pour y élever la voix de la prière.

Essaouira Mogador est un mystère qui crève les yeux.

Elle respire le sacré.

On y prie à voix basse pour affirmer qu'elle est source de nos joies et de nos tourments.

Mogador est peut-être la seule ville qui n'est étrangère pour personne.

Y habitaient deux groupes que la circoncision rapproche : les juifs, vivant de l'espérance abrahamique et les musulmans vivant de la foi abrahamique : Ismail et Jacob.

L'auteur

Mogador, cité des pardons. Ville de joies et de misères. Au cœur de la mémoire, les peurs anciennes palpitent. Qui se souvient de ses personnages ? et par delà les larmes, par delà les mots, une histoire du cri. Il ne s'agit pas ici de la mémoire en marche – celle-ci, on le sait sécrète ses propres arrangements et refait le monde à sa convenance, il s'agit d'un immense et complexe palimpseste, mille fois effacé, mille et une fois réécrit.

Une caverne, une jarre, un manuscrit et des départs…

Beaucoup de départs.

Pourquoi sont-il partis ? Pourquoi partent-ils, tous ces êtres, dans cette œuvre errante ? On ne demande pas aux oiseaux pourquoi ils volent.

Cette ville ressemble étrangement à une belle, très belle femme un peu lasse.

Elle n'est ni résignée ni morbide, elle sait résister ; si elle ne jette ni l'éponge ni l'anathème, c'est parce qu'elle n'est pas indifférente au monde qu'elle perçoit avec l'acuité d'un rêve éveillé. Perméable à la peur et à l'injustice, elle est aussi curieuse des expédients que certains ont trouvé pour faire face à la vie.

Ses habitants ne sont ni des héros ni des monstres.

Simplement des adultes séparés par la vie et qui essaient de remonter la pente sans mélodrame, quitte à se donner le change, en se lançant des défis, en se débattant dans leur propre histoire, avec ses zones d'ombres, ses secrets, ses arcanes et aussi ses mensonges.

— C'est fini ! Je ne parle plus aux voisins, je n'ai plus rien à leur dire, on a tout dit, ça ne sert à rien de se répéter ! claironna Nessim.

Depuis que l'homme aux chiens était parti, celui qui occupait le studio du premier étage, un homme brave, courtois et silencieux qui n'a jamais rien dit sauf :

— Il y a plus terrible qu'une veuve, c'est un veuf.

Veuf, il l'était.

La dernière fois que je l'ai croisé dans les escaliers, il trimballait un gros fauteuil.

Je me suis effacé pour lui laisser le passage.

— Comment ça va monsieur Théodore ? Il s'appelait Théodore.

— Ça va, ça va, mieux que l'année prochaine.

Sa femme, laide comme une Joconde sans sourire, était plus âgée que lui, elle collectionnait des boîtes de thé en aluminium.

On raconte, mais que ne raconte-t-on à Mogador, ville où fleurit le persiflage de la délation ?

Les rumeurs circulent puis tombent vite dans les caniveaux de l'oubli.

On raconte que depuis que sa femme est morte, monsieur Théodore s'était installé à Casablanca et que dans son minuscule studio du Maârif, toutes les lampes électriques étaient de couleur rouge lupanar. Celle du salon, celle de la kitchenette et aussi celle des toilettes.

Monsieur Théodore a toujours rêvé d'habiter dans un bordel.

— Je n'avais qu'un souhait, disait-il, mourir de plaisir dans les bras de sept putes du bordel Bousbir, à Casablanca.

Au troisième étage vivait la famille Chmandifir, un richissime commerçant ruiné.

— A Mogador, nous avons, disait-il, la terre et la mer. Il est grand temps de construire le fer.

Toute sa fortune a été engloutie dans un projet qui ne vit jamais le jour, la construction d'une voie ferrée Mogador – Marrakech.

— C'est la plus folle idée du siècle, dit Nessim le bijoutier. Si Bouchaïb Chmandifir ne sort plus de chez lui ; il a honte. Il ne sort plus depuis la faillite de son entreprise. Il ne sort plus depuis le mariage de la petite qui volait des boîtes d'allumettes.

Au rez-de-chaussée, au fond de la cour, habite une famille dont les membres ont tous la santé fragile. Ils dépensent plus d'argent pour les médicaments que pour la nourriture.

— Vous savez, ces-gens là dorment tout le

temps, ils dorment jour et nuit, ils sont enfermés dans leurs vieilles chambres, me chuchota David Loueb.

— Toute leur vie tourne autour de choses mortes.

La folie de la mère, barricadée dans sa chambre à coucher, celle du père, retranché en lui-même, celle du fils aîné, qui meurt de ce que la vie ne soit pas un poème, mais au-delà, c'est un destin tragique, une antique fatalité qui les enveloppe, le symptôme intime d'une société en train de se défaire.

Les O'Hayon, eux, occupent le deuxième étage de cet immeuble qui en compte trois.

Une habitation un peu sordide, régulièrement lavée, régulièrement salie, envahie par une drôle d'odeur d'œuf et d'eau de Javel.

Ce soir, les pendules ont cessé de battre, la mort s'est installée dans la maison.

Le vieux Mimoune a rendu l'âme, laissant sa femme Paula et sa fille, attablées pour le repas de shabbat.

Il s'est effondré au moment où il récitait la prière du Kidouche, au moment où il versait un peu de vin dans la coupe d'argent.

Il faut dire que le vieux Mimoune a toujours souffert du cœur. Jeune, il faisait battre celui de plusieurs femmes.

— C'était, claironnait-il une occupation de tous les instants.

— J'ai fait l'amour avec des filles, avec des fleurs, avec des arbres, avec des étoiles.

Vieux, il avait des problèmes cardiaques.

Je revois les visages de cette famille juive et je regrette le temps où ils occupaient l'escalier de l'enfance ancienne. Ils étaient nés peu après les années vingt, ils ont emménagé ici au temps de leur jeunesse, de leur fraîcheur, mais leurs corps se sont usés plus vite que la pierre marine.

Leurs grands-parents sont morts, leurs enfants sont partis là-bas, en Palestine. Avram, l'aîné, s'est installé à Bersheva, Youssi vend des falafel à Tel-Aviv, la jolie Soltana aux cheveux à la luisance légère et dont le faible mouvement des lèvres rappelle une madone de la Renaissance, une Schéhérazade retrouvée, Soltana, elle, est restée à Mogador, peu à peu prisonnière des meubles de son enfance, peu à peu prisonnière de Paula sa mère. Un infarctus a terrassé son père Mimoune, on n'entendra plus sa voix.

— Vous me ferez mourir !

Il criait plusieurs fois par jour :

— Vous me ferez mourir !

On ne l'entendra plus. On ne le croisera plus dans l'escalier.

Ceux qui ne le connaissaient pas de vue, le connaissaient de voix.

Zahra, la cuisinière de la famille O'Hayon, s'est précipitée, pour annoncer le décès de Mimoune.

Rabbi David, doyen de la communauté juive de Mogador, conduisait les prières dans les deux synagogues de la ville, il fut un grand maître de la musique andalouse et du chant israélite.

— Le pauvre Mimoune a perdu son ombre, cria Zahra la cuisinière, à l'adresse de Rabbi David.

— C'est le lot du Juste. Mon ami Mimoune est entré dans le paradis les yeux ouverts.

— La mort, dit David, est un cheveu qu'on retire d'un seau de lait. Mogador n'est pas la cité de Luz, où la mort n'a aucune prise sur les vivants. Lorsque l'un de ses habitants atteignait le grand âge, avant le grand naufrage, il quittait Luz pour rendre l'âme extra-muros, hors des remparts.

— Il y a quarante jours avoua Zahra, j'ai vu en rêve une feuille tomber de l'Arbre de la vie ; je ne savais pas qu'Azraël, l'ange de la mort, allait faucher le pauvre Mimoune, l'homme de bien, le Juste.

Rabbi David, suivi de Zahra, monta les escaliers qui mènent au deuxième étage, à l'appartement lugubre où le mort était étendu à même le sol, un vase rempli d'eau sur le ventre.

On avait pris le soin de recouvrir les deux grands miroirs d'un linge blanc et d'ouvrir les fenêtres. C'est par là qu'est sortie l'âme du mort pour atteindre le firmament étoilé, son dernier souffle.

— Le bien-aimé, hoqueta de douleur sa femme, Paula, Mimoune s'est transformé en oiseau et s'est envolé dans le ciel, comme une mouche, comme une abeille.

Le faqih Si Tijani et son alter égo Si Bouchaïb, un riche grossiste du fameux thé souiri, avaient l'habitude de marcher tous les vendredis de Mogador jusqu'à El Ghazoua, une vingtaine de kilomètres à pied – Ils appelaient cette promenade bucolique la nzaha.

C'est à El Ghazoua qu'ils ont découvert un arbre étonnant, peut-être le plus étrange de la région, une silhouette d'où la vie s'était retirée mais, qui longtemps, resta debout, là où il a vécu, d'abord divinité aux cent et un bras, puis se dépouillant de son écorce, montrant ses tendons comme un écorché, pareil à un mât de vaisseau fantôme aux vergues rompues, grandes échardes déchirant l'air, portant des loques de voile qui flottent au vent. La première tempête l'arracha de ses racines moribondes, il tomba d'un coup et demeura là, immense cadavre raide, en équilibre sur l'arête d'un rocher.

Poétiquement, l'arbre est une image privilégiée, un exemple à méditer et, pourquoi pas, à imiter.

Puissant et immobile, captant par ses racines les forces telluriques, dominant par sa cime aérienne tout le paysage, l'arbre devient spectateur du vent, de l'orage, du cortège des saisons, des millions de vies qui, autour de lui, s'agitent et meurent.

Celui qui saisit les correspondances entre les êtres voit dans l'arbre un certain portrait de l'homme.

J'ai, dans ma tendre enfance, isolé un arbre. (c'est le benjamin des trois fils de Si Tijani qui parle)

Enfant rêveur, j'ai choisi le mien près de Si Magdoul.

Assis dans ses racines ou à la fourche de ses branches, je sentais confusément ma solitude confondue avec celle de l'arbre.

Lorsque le promeneur se détache de l'arbre pour regagner la cité, il sait que rien ne ressemble plus à un homme qu'un arbre qui marche.

La plupart des Mogadoriens vivent dans un univers clos, mais pas médiocre. Ni heureux ni malheureux, ils ne sont pas désireux d'échapper à leur sort. Ils se sont adaptés à cette existence morne et routinière que le destin leur a imposée.

Ils font même des efforts pour la rendre agréable ou, au moins, "vivable".

Ils ne se plaignent pas, ne s'indignent pas et, bien sûr, ne se révoltent pas.

Ils prennent les choses comme elles viennent, avec une douce résignation qui ressemble presque à un bonheur tranquille. Mais au fond d'eux-mêmes, ils ne sont pas satisfaits de cette terne traversée de la vie ; ils s'en contentent par habitude, ils manquent peut-être d'imagination pour voir un autre avenir.

Quelquefois, la destinée donne un coup de pouce et la population, discrètement souffrante, parvient à fuir sa triste condition, à passer au travers des murs pour respirer un autre air, à transgresser les limites de son existence ordinaire pour accéder à un univers plus clément. Enfin, une brèche est ouverte dans la grisaille des habitudes, dans la monotonie des jours, même si cela ne dure pas longtemps.

Maudite famille qui traîne son cortège de petites joies et de grandes frustrations !

Dans cette famille on ne s'embrasse que très furtivement, parfois on ne se touche même pas.

Depuis la disparition de Mimoune, Paula, sa femme, s'enlisa définitivement dans le silence.

Maintenant, elle fait partie de ces vieilles que l'amertume ne quitte plus.

Elle n'arrête pas de demander :

— A quoi sert la vie ? A quoi servent les trois valises où j'ai entassé tous les souvenirs de mes trois enfants ? La valise jaune d'Avram avec ses premières chaussettes, les premiers chaussons, les premières chaussures et sa kippa. A quoi sert la valise rouge de Youssi avec ses vêtements de bébé, ses biberons ? A quoi sert cette troisième valise de ma fille Soltana ? A quoi servent les poupées qui y sont entassées ?

Paula pleure doucement, assise dans la pénombre de sa maison, seule sous le regard de " Moïse ", le Moïse traversant la Mer Rouge, copie d'un tableau anonyme du XVIIIe siècle, accroché au mur qui lui fait face.

Elle pleurait et dans sa main quelques grains de " zouane " que picore Lalla Tibibte, vous savez, le petit oiseau du ciel.

Pétrie d'enseignements religieux, Soltana, sa fille, avait été éduquée dans la tradition. Elle a tout au long de ses vingt-huit ans, souffert des brimades de Paula sa mère.

— On ne regarde pas les hommes dans les yeux, h'chouma.

— Baisse les yeux. D'où viens-tu ?

— Tu sais l'heure qu'il est ?

— Va dans ta chambre !

— Ne reste pas avec les hommes !

— Tu déshonores ta famille !

— Tu ne respectes rien !

Depuis la mort de son père, Soltana passait ses journées cloîtrée dans sa chambre, à astiquer le candélabre Ménorah au sept branches, et à lire les magazines " Nous Deux " et " Confidences ".

Elle n'a pas vu le temps passer.

Vingt-huit ans d'ennui, de banalité et de routine.

Excepté l'été 1943, durant lequel elle vécut une belle, courte et triste histoire d'amour, un amour dans la clandestinité, là où personne n'est témoin d'un bonheur partagé.

Elle a fait l'expérience de la difficulté de s'aimer pour des êtres sur lesquels pèse la différence des mœurs liée à l'intransigeance des régions.

Oui, la juive a osé aimer l'Arabe !

Soltana est follement amoureuse de Khalid le marqueteur. C'est un vrai artiste doté d'une grande intelligence. Il n'a pas son égal pour la technique de l'incrustation du fil d'argent et du nacre qui orne les ouvrages de thuya.

On dit que ses boîtes à bijoux et ses poignards son prisés par le Sultan Mohamed Ben Youssef lui-même.

Quand Soltana vit pour la première fois Khalid, elle fut fascinée par ses mains fines, des mains légères comme l'ombre.

Ils ne pouvaient évidemment pas exprimer à voix haute ce qu'ils ressentaient. Heureusement, il y avait le langage des yeux et aussi le cinéma " la Scala " les mardis après-midi. C'est le jour où le cinéma est presque désert.

Khalid a fait l'amour une seule et unique fois à Soltana.

Ce jour-là, tout Mogador était dans les rues à suivre la compétition la plus débile qu'on ait inventée : la course des garçons de café.

Soltana et Khalid se sont enfermés dans l'atelier de marqueterie. Khalid vécut hors du temps, les yeux braqués sur le corps de cette femme qui réclamait peut-être le sien. La frénésie des étreintes occulta la réalité. Elle bougea, elle se tortilla, elle courut, elle réclama l'aventure.

— Il m'a fait le plus beau des cadeaux, le plus merveilleux ; grâce à lui, j'ai découvert mon corps, je n'ai plus honte de mon corps. Il m'a caressé le cou, les hanches, les cuisses, les seins, il m'a aimée, il m'a honorée.

Soltana sourit tristement en astiquant son candélabre et en pensant à cet amour perdu.

— Puisque Mogador est trop petite pour contenir mon grand cœur, je pars.

Khalid s'est exilé à Salé où il s'est retrouvé alors comme tous les amoureux du monde, éperdu, tremblant, écartelé par le souvenir d'une femme de chair et de sang, le rêve de sa possession et la fureur inépuisable de la solitude. Khalid, en vérité, était plein de violence intérieure contenue par une civilité souriante.

Il sombrait dans les souvenirs où les images d'une Soltana, femme parmi les femmes, désirable et possédée — corps rêvé, corps nu — prenait place à ses côtés pour qu'il cueille aux lèvres, aux seins, au ventre de Soltana, cette offrande secrète dans le tourbillon de la nuit.

Quelques mois plus tard, Khalid mourut de chagrin et d'alcool, le jour même de son quarantième anniversaire.

Ce jour-là, Soltana s'est vue dans un rêve enterrée avec Khalid, dans un cercueil à deux places.

Il ne s'agit pas de tourner la page, mais de la déchirer.

Soltana ne sait plus si elle est aux portes de la mort ou au bord de la vie.

Elle hait sa mère.

C'est peut-être pour cela qu'elles ne peuvent se passer l'une de l'autre.

— Khalid me disait des choses, des choses que je n'ose répéter, cria Soltana en faisant irruption dans la chambre de Paula sa mère.

— Et il m'a dit ce que personne ne m'a jamais dit, ni toi, ni papa, ni mes frères qui sont là-bas. Il m'a dit qu'il m'aimait, il m'aimait, tu entends ?

Les yeux exorbités, Soltana cria de plus belle :

— Mieux, il m'a embrassée, personne ne m'a embrassée, ne m'a caressée auparavant, ni toi ma mère, ni mon père, ni mes frères qui sont là-bas…

— Pourquoi te mettre dans cet état ? Ô ma fille, l'homme dont tu parles n'est qu'un homme entre mille.

— Il m'a prise il m'a pénétrée tu entends, pénétrée !

— Que Dieu te pardonne, ma fille.

— Tout ce qu'il m'a donné, à voir, à entendre, m'a ravie. Tout en lui, sans exception, a trouvé place dans mon cœur. Khalid m'a fait l'amour, Khalid est mon unique amour !

Les mouettes aux mouvements insulaires planent contre les lois de la pesanteur, elles semblent plus légères que l'air, elles bondissent dans le vide, contournent les obstacles, atterrissent avec grâce sur la surface de la mer et racontent les douloureuses destinées des prisonniers de l'île de Mogador.

Elles ne s'appellent pas mouettes – c'est l'homme qui les appelle mouettes. Elles auraient aimé s'appeler espace ou liberté – folie ou cosmos.

Parfois, les mâles se livrent dans les airs à des acrobaties découvrant le noir de leurs ailes dans une transe tourbillonnante, fascinante.

Soltana passa la nuit sur Jorf Hmame, les yeux fixés sur l'étoile la plus brillante.

Et la nuit suivante, elle regardait, comme hallucinée, la même étoile ; et tous les jours, elle la cherchait croyant la voir réapparaître de temps à autre jusque dans l'ardeur du Zénith.

— Etoile ! criait-elle, aucun astre du ciel n'aura raison de ton éclat. Le soleil lui-même ne peut pas te voiler, car tu es Khalid qui m'appelle. Tu disparais parfois à ma vue. Attends-moi, je t'aime !

Et les mains tendues, elle se mettait à courir, puis s'effondrait, reprenait souffle, se relevait.

— Connais-tu Tangaro et son puits plein de lait ? murmura-t-elle à un vieux passant.

— Et Jbel El Hdid, la montagne de fer, tu le connais aussi ?

Elle balbutie, l'échevelée, la folle.

Elle parle d'une voix mourante pour émerger de son abîme de mort et de nuit.

Elle est maintenant envahie par des lieux de son enfance, des lieux adorés où son esprit, son cœur, tout son être enfin, le ramenaient.

— J'ai oublié le pont brisé de Diabate ! hurla-t-elle, et Oued Ksob, la rivière qui s'écarte. Dis-moi, toi qui ne mens pas, je t'en supplie, ce vent qui nous caresse ne vient-il pas de la rue pentue qu'on nomme Derb M'sguina ?

— Tu as raison, répond le père Isota, tu ne me connais pas, mais moi je sais qui tu es. Puisse ce vent d'un doux élan te transporter, un moment, hors des misères de ce monde.

— Tu te souviens de ce que disait Choukhana aux yeux comme les lampes ? si Dieu habitait sur terre, on passerait nos journées à lancer des pierres contre ses fenêtres.

Dieu n'est-il là que pour compliquer les choses ?

Dans les jours qui suivirent, on craignit que Soltana ne puisse survivre à son immense douleur. Elle paraissait insensible aux soins qu'on lui donnait.

Nul n'aurait pu penser, devant son extrême faiblesse et son absence vis-à-vis de tout ce qui l'entourait, que cette femme-là ait encore quelque chose à espérer en ce monde.

Les larmes ne quittent plus ses yeux.

Elle pleure son enfance, son adolescence, son amour brisé, sa vie ratée.

Trop de promesses non tenues.

Elle a traversé sa vie sans être vue. Lorsqu'elle perdit la mémoire, on la conduisit dans un asile, en fait, un mouroir. Elle refusa de s'alimenter. On l'a mit sous perfusion pour prolonger non pas sa vie, mais ses douleurs.

Quelques jours plus tard, à l'aube du Youm Kipour, Soltana quitta Mogador pour n'y plus revenir.

— Je l'ai vue de mes propres yeux, avancer dans la mer, engloutie à jamais dans les flots impétueux de l'océan, affirma Si El Wafi.

— C'est dans les replis des sables qu'elle repose maintenant, lui répondit Abdallah El Majout, je l'ai vue se fondre dans les dunes de Jrifat, le désert la garde à jamais.

Aujourd'hui, tout est effacé, jusqu'aux traces de son passage sur terre.

L'histoire de Soltana et de Khalid est certes tragique mais, hélas, banale, tant elle est répétée à des milliers et des milliers d'exemplaires.

Ne dit-on pas que les malheurs des autres sont d'une banalité affligeante ?

Le malheur, comme la fortune, s'abat sur vous comme ça, fabor.

Le premier réclama la liste des passagers et l'inventaire des marchandises, le second murmura :

— Avez-vous des journaux cochons et du rhum ?

De jeunes barcassiers vinrent tourner autour du chalutier et proposèrent aux passagers de les emmener à terre.

L'escale à Mogador dura deux semaines. C'était largement suffisant pour un prétendu descendant de Saint Exupéry, un certain Martin, pour mener une enquête sur son aïeul, l'auteur du Petit Prince.

A-t-il réellement séjourné à Mogador, comme le prétendait un consul de France, Michel Vieuchange qui était fasciné par l'épopée des pilotes de l'Aéropostale, que les Maures capturaient quand ils étaient obligés d'atterrir ?

Le lendemain matin, Martin se dirigea seul vers les dunes entourant Oued Qsob ; il aperçut au loin trois autruches.

— Mon Dieu, hurla-t-il, les poulets sont gros ici.

Les trois autruches ont été offertes à Si Tijani par le grand Tijane de Dakar – cadeau on ne peut plus embarrassant, — et pour cause — les adeptes de la Zaouia n'acceptent jamais les cadeaux qui mangent. Cheïkh Mamadou Boubakar, le grand Tijane sénégalais, invité par le Sultan Mohammed Ben Youssef, est en visite au Maroc, et à Mogador, c'est autour d'une table ramadanesque qu'il rompit le jeûne en compagnie des notables de la ville, chez Si Tijani, rue du 4ème Zouave.

Cheïkh Mamadou Boubakar offrit à son hôte ce que les Sénégalais appelaient les " trois abdous " : le costume national composé d'un séroual pantalon, d'un gilet et d'un ample boubou.

Avant de quitter la demeure de Si Tijani, il offrit également à ce dernier une médaille de l'ordre de l'Eléphant Vert.

Il y avait Lalla Zhirou qui traînait une migraine vieille de dix ans ; elle se collait de la pâte de farine aux tempes et des brins de menthe dans son gros nez. Elle brûlait des débris de disques 78 tours et en respirait l'odeur pour soulager ses maux.

Il y avait Lalla Haboub, l'animatrice, le boute-en-train, qui ne brandissait son godmiché en bois de thuya qu'en l'absence de la gente masculine.

" Hina ou Hina,
Y salamala Hina ou Hina "

C'est la lancinante ritournelle que chantait Lalla Haboub, accompagnée d'un trio de musiciens aveugles.

Il y avait Khouyti l'intellectuelle, la presque lettrée, qui était connue comme une merveilleuse lectrice des Mille et Une nuits, accompagnée de la femme de Jeannot-Lapin, une institutrice de Marrakech nouvellement installée à Mogador.

Il y avait aussi Messaouda la juive, tenancière du petit hôtel Atlantique et sa nièce Freha dite Alkhwibia (la petite jarre).

Etaient présentes aussi la vieille Choukhana, le croque-mitaine, qui faisait peur aux enfants, et quatre haddarates (musiciennes).

Toutes ces femmes se sont réunies dans la petite maison de Lalla Hachouma et de sa sœur Lalla Zahra la cuisinière au 4, rue de la prison.

Cette nuit, les femmes ont permission de leurs maris, jusqu'à une heure du matin, avant de regagner leur foyer.

Moulay Ahmed El Machmachi, le maître des lieux, lui-même, comprit qu'il était indésirable.

C'est une fête nocturne célébrée par les femmes, exclusivement.

C'est la nuit d'un étrange spectacle qu'on nommait Asser (le secret).

C'est une sorte de théâtre dont les personnages sont des femmes qui se déguisent en hommes.

Elles portent tarbouches, turbans et fausses barbes.

Elles chantent des textes délirants, souvent

beaux, des textes de dépassement de toutes les souffrances, des difficultés du quotidien insurmontable.

Cette nuit-là, Lalla Haboub, belle comme un arbre, se surpassa. Son numéro, une espèce de parodie sur l'impuissance sexuelle, et son godmiché en guise de raide accessoire, eurent beaucoup de succès.

Lalla Haboub, jadis vocifératrice et pleureuse, renoua cette nuit-là avec les pratiques ancestrales de son village oublié.

Elle est l'héritière d'une polyphonie de l'envoûtante profondeur du chant de l'âme.

La voix de Lalla Haboub était douce, jusqu'au jour où elle préféra les cigarettes Casa-Sport aux chansons de Leîla Mourad.

Et pendant ce temps-là, tout près de la mer, qui se trouve à deux pas, au café des sports, chez madame Josy la blonde, quelques hommes se sont attablés pour boire à grandes gorgées du mauvais vin sur fond de chansons enfumées. Le violoniste édenté, qui mange avec ses joues Badani, la comtesse Beynat de Bordeaux, chanta pour elle sa fameuse chanson Derbac-Chta.

Assis au bar, sur l'unique tabouret, devant Haroun le barman, monsieur Jean, qui mourut quelques mois plus tard (personne à Mogador ne savait de quoi il était mort, et personne ne savait d'ailleurs de quoi il vivait), monsieur Jean, l'homme aux dents proclives, qui se targuait d'avoir de l'humour, répétait à qui voulait l'entendre :

— Je suis originaire du Saint Germain des Pieds.

— Ce soir, je ne mangerais pas de langouste, je ne suis pas Proust.

— Garçon, servez vos merveilleuses pistaches à l'homme aux moustaches. Elles sont délicieuses. Le seul art qui nourrit son homme c'est l'art culinaire.

Monsieur Jean disait n'importe quoi, n'importe comment à n'importe qui. Il était imprudent.

Ce soir-là, il voulut plaisanter avec Si Wafi en ces termes :

— Je te jure par la barbe du prophète…

Houmane, le garçon de salle, brisa un verre pour faire silence et menaça monsieur Jean.

Heureusement, le flic de service embarqua celui-ci au poste où il méditera dans sa cellule sur ses maladroites joyeusetés et sur cette malheureuse phrase qui constitue pour des oreilles musulmanes une grave profanation.

Le commissaire de permanence invita monsieur Jean à jouer une partie d'échecs.

On sait que ce jeu, où se détestent deux couleurs, favorise les confidences.

— J'ai toujours été obsédé par l'idée de la mort et pris la tentation de simplicité avare, monsieur

Jean avoua : A vingt ans, j'ai découvert Saint-François d'Assise et ses araignées, le bouddhisme, le taoïsme et le yoga tantrique – je me suis penché sur le lamaïsme et le soufisme, tout cela avec la même passion, le même espoir qui faisait sourire ceux, plus heureux, qui avaient trouvé et qui croient en une doctrine unique à l'évolution des autres.

— Où en êtes vous aujourd'hui ? lui demanda doucement le commissaire

— Je n'ai rien trouvé, je n'ai pas de chance. Il paraîtrait que j'ai l'air de quelqu'un qui a vendu son âme au diable

— En sommes, vous êtes un faux ressuscité.

— J'avais la conviction que l'Orient en sait ou en a plus que l'Occident sur les choses de l'esprit et de l'âme, qu'il avait conservé des secrets chez nous perdus à jamais.

— Oui et vous Monsieur Jean ?

— Un homme perdu…

— Qui êtes-vous ? insista le commissaire

— Demandez-moi combien de sandales j'ai usées pour venir jusqu'ici.

— Que faisiez-vous avant de venir à Mogador ?

— J'étais prêtre catholique en Bretagne, maintenant je suis un prêtre défroqué

— Est-ce encore une histoire de femme ?

— Une histoire de cœur répondit tristement

monsieur Jean. Dieu m'est témoin, je n'ai fait que ce que Saint Paul m'a recommandé, chacun des prêtres doit être irréprochable, n'avoir été marié qu'une fois…

— Vous divaguez, mon père qui êtes-vous ?

— Je suis Saint Paul.

Mogador a vu défiler toutes sortes d'individus, des crapules aux plus nobles ; qu'ils soient seconds couteaux ou héros honorables, des combinards, des furieux ou des rêveurs, des utopistes…, chacun a trouvé sa place dans une énorme fresque. Même les sans-voix, les sans garde, les oubliés ont voix au chapitre.

— Dans votre langage, lui dit le commissaire, il y a du désordre plus que de la fantaisie ; vos jeux de mots et vos plaisanteries sont ceux des masseurs de Hammam. Monsieur Jean, je connais votre vie dans ses moindres détails.

— Tiens donc !

— Vous avez tué un Sénégalais accidentellement.

— Je haïssais cet homme. Je vous dirais seulement qu'il était coupable de meurtre. C'était un crime trop ancien pour que j'en appelle à un quelconque tribunal des hommes. Je savais qu'il était coupable, j'ai décidé alors d'être le seul juge, le jury et le bourreau. Si vous aviez du cœur au ventre, vous auriez agi comme moi.

— Vous êtes une crapule…

— La jeune fille était ma fiancée. On l'avait mariée de force ; elle en mourut, le cœur brisé. Je fis glisser l'alliance du doigt de la morte, et je me suis juré de la mettre sous les yeux de son bourreau au moment de sa mort. Elle lui rappellerait son crime et il saurait pourquoi je le punissais. Je portais l'alliance toujours sur moi. J'ai cherché ce misérable et son complice à travers les deux continents. Enfin, j'ai pu les joindre. Ils avaient cru que je me fatiguerais, mais ils se sont trompés. Si je meurs demain, ce qui est probable, je mourrais content : ma tâche est faite et bien faite. Ils sont morts tous deux de ma main. Il ne me reste plus rien à espérer, ni à désirer.

— Vous êtes une canaille !

— Je ne vous permets pas, Monsieur le Commissaire – on ne m'a jamais traité de canaille, en général, on m'appelle ordure …

— Vous êtes une ordure !

— Non Monsieur, je suis un fumier – c'est pour cela que je me disperse ; le fumier, quand on le laisse en tas, pue et pollue, mais quand on le disperse il donne de merveilleuses récoltes, sans contreparties, fabor.

J'ai longtemps voyagé, pour lire l'humanité dans les pierres, pierres vivantes rendues à la parole vivante des origines, je n'ai jamais demandé mon chemin. Pour découvrir le monde, il faut se perdre. Je me suis perdu, et c'est comme cela que j'ai découvert Mogador l'Orientale, pour respirer l'air des patriarches, Mogador, la bien-aimée et ses couleurs qui éclatent la rétine.

Je voyageais pour limer ma cervelle contre celle d'autrui fabor.

Andréas le Perpendiculaire, originaire d'Annecy-le-Vieux, vint à Mogador il y a vingt-huit ans en qualité de douanier.

Cela fait vingt-huit ans qu'Andréas tient le même discours, un discours se rapportant continuellement à la bible.

Andréas le Perpendiculaire est convaincu que Mogador et ses environs ont joué un grand rôle dans l'histoire judéo-chrétienne et que tous les événements bibliques se seraient déroulés dans cette ville injustement méconnue.

— On parle des deux aveugles de Jéricho – foutaises ! Les deux aveugles sont originaires de Talmest.

Autour de la principale table du chalet de la plage tenu par l'imposant Waznar ont pris place Si Miloud le brocanteur, Si El Wafi le nationaliste, Si Abdellah Majout, Rachid les Sept-Visages, David

Loueb le plombier et le cynique instituteur tunisien, M. Lamouchi, qui relança la conversation.

— Et Jonas ? Parle-nous de Jonas.

— Jonas, c'est connu, a été éjecté de l'antre de la baleine à Sidi Kaouki. C'est sur la grève de Sidi Kaouki que Jonas, Sidna Younès, fut transglouti par la baleine.

Plus tard, les habitants de ce paisible village ont construit une mosquée – synagogue – église – un temple d'Abraham, unique au monde, dont les arcades étaient faites des côtes de la baleine.

— Etait-ce vraiment une baleine ou un cachalot que les berbères appellent Tizamkt ? C'est là, affirma Andréas le Perpendiculaire, que selon le mythe le plus ancien, le tambour du prophète Idriss retentira dans le grondement des vagues pour annoncer l'apparition du Mahdi suivi de Sidna Aïssa (Jésus) Sidna Moussa (Moïse) et la Vierge Marie.

Les gnomes, les lutins, les farfadets, les ogres, les djns, seront anéantis, mais les prophètes, les saints et leurs fidèles, qui n'ont adoré que Dieu l'Unique, sortiront de leurs tombes et reprendront vie pour le salut de l'humanité, conclut avec emphase Andréas le Perpendiculaire.

Andréas n'est-il pas le nom biblique de Idriss ?

— Et les guérisons miracles de Jésus ? ironisa David Loueb.

— Il y avait un homme qui était aveugle depuis trente huit ans, Jésus le rencontra entre Azelf et Douar Arrab et lui dit :

— Veux-tu guérir ?

— Oui, Seigneur.

— Prends ton grabat, lève-toi et marche.

Et aussitôt l'homme fut guéri, il prit son grabat et marcha, ou plutôt voyagea et Jésus dit :

— En vérité, je vous le dis, l'habitude est détestable, mais on peut en sortir par le voyage.

— Mais, répondit Lamouchi, le voyage peut devenir une habitude, alors il est lui aussi détestable !

— Bien vu Lamouchi, avoua Andréas en riant, trinquons à la santé de notre père à tous, Abraham, le vénérable Abraham qui, comme ne le veut pas la tradition, est originaire de Smimou.

Il y a quelques années, Andréas le Perpendiculaire a écrit un roman sur ses élucubrations bibliques ; il trouva un éditeur à Casablanca qui lui signa un contrat en bonne et due forme, stipulant que son livre, pompeusement intitulé " Mogador la biblique ", serait le quatrième d'une nouvelle qui, malheureusement, s'arrêta après le troisième volume.

— C'est tout près d'ici que David ordonna la construction de la maison de Dieu, affirma d'une voix tranquille Andréas le Perpendiculaire. David entreposa beaucoup de fer et de clous qu'il ramena de Had – Dra. Et du bronze en quantité impossible à peser, originaire du lieu dit Tlata d'El Hanchane (le mardi – des – deux – serpents). David ramena de Tamanar des troncs de cèdre en abondance, puis il prononça un discours tout près de l'actuel Lazaret et dit : Dieu fasse que mes ennemis ne rient pas de moi.

— Mon fils Solomon est jeune et faible et cette maison qu'il doit bâtir pour Yavé doit être magnifique.

Un terrible tonnerre retentit.

Nul fracas terrestre ne saurait en donner l'ampleur, et un éclair éblouissant déchira le ciel tout à coup noir de nuages.

Et Dieu dit :

— Tu as versé beaucoup de sang David et livré de grandes batailles. Tu ne bâtiras pas de maison à mon nom, car en ma présence tu as répandu beaucoup de sang à terre ! C'est Solomon qui construira le Temple de Dieu.

— Où ? Ironisa David Loueb.

— Que restait-il alors de ce fameux Temple ? dit en ricanant Si El Wafi.

— Il ne reste évidemment qu'une aile du Temple et c'est ce que vous appelez à Mogador Borj El Baroud. Lisez la bible, c'est écrit dans le chapitre " Vers la construction du Temple ".

— Est-ce que le nom de Mogador est cité dans la bible ? dit Nessim en ricanant.

— Bien sur que non, répondit Andréas en haussant les épaules.

— Les ennemis de Mogador ont brûlé la vraie Bible pour faire disparaître à jamais ses traces, mais moi je sais ! Je sais qu'il est grand temps d'exhumer le seul exemplaire d'un vieux manuscrit de la bible qui se trouve à Petra ; il faut commencer par jumeler Mogador avec cette prestigieuse cité nabatéenne ! Je sais aussi que les sept Dormants n'ont pas dormi les trois cent neuf ans dans une caverne à Ephèse, mais à Sidi Bouricha. Je sais aussi que El Hallaj est mort crucifié en l'an trois cent neuf de l'Hégire à Tangazo.

Je livre à mes amis ces secrets gratuitement, fabor.

Et la nature
humaine apparaît
avec ses splendeurs
et ses petitesses, ses
élans d'amour et ses
concupiscences, ses espoirs
et ses calculs mesquins
jusqu'à la fin
mystique où chacun
comprend sa destinée.
Il y a un âge à tout. L'âge d'apprendre
à lire – l'âge des jeux insouciants
l'âge de prendre femme ou mari
l'âge de la carrière et celui de
l'isoloir – l'âge de la retraite
l'âge de la solitude.

Du haut de son minbar, Si Tijani donne son cours aux adeptes de la Zaouia Tijania. Cette première nuit du Ramadan, il parla des maqamats de Ghazali qui sont un résumé de la philosophie d'Ibn Sina. Il parla aussi des concordances entre les textes de la métaphysique de Achifa et celle de la Najat. Si Tijani essaya d'expliquer quelques noms cités dans le coran :

Taha = Aimé de Dieu
Yacine = Prophète de Dieu
Ababil = Vautours de la porte du

ciel (Mekka) que Pharaon maître des épieux, était Xérès I qui torturait les Egyptiens avec des épieux.

Que le Tagut était le Dieu Horus, Faucon surmonté de Soleil et adoré par les Egyptiens, que Du noun était l'homme poisson…etc.

Qui comprend vraiment les cours ésotériques de Si Tijani ? Si on excepte les talebs, étudiants du premier rang, le reste de l'assistance est composé de petites gens analphabètes : des ouvriers, tripiers, maçons et autres nattiers.

Soudain, une voix se leva de l'audience.

— Que Si Tijani me pardonne, mais je voudrais connaître le nom du prophète qui a été dévoré par l'hyène !

C'est encore cet imbécile d'Abbou le tailleur, cul-de-jatte qui me dérange, pensa Si Tijani qui continua son cours.

— Vous ne m'avez peut-être pas entendu, Ô Si Tijani, dites-moi le nom du prophète que l'immonde hyène a dévoré !

L'indécrottable cul-de-jatte ne démordait pas.

— J'étais nu et vous m'avez vêtu, dit Si Tijani en élevant la voix, j'étais nu et vous m'avez vêtu, disait Cheïkh El Kamel, le fondateur de la Zaouia

Hamdouchia qui, par piété, a mené à Meknes une vie d'abstinence presque misérable dans un endroit sans confort.

— Quel est le nom de la bête sauvage qui a englouti le prophète, je veux savoir le nom de ce prophète ? écuma encore une fois le cul-de-jatte.

Trop c'est trop ! Si Tijani répondit avec un sang-froid digne des grands sages.

— Le prophète dont tu parles, n'était pas prophète, c'était un simple envoyé de Dieu. Quant à la soi-disant immonde bête féroce, ce n'était qu'une baleine ou plutôt un cachalot que nous appelons ici Tizamkt. Et pour finir, sache que Jonas - car il s'agit de Jonas, n'a pas été dévoré mais rejeté sur une plage déserte sain et sauf. Voilà une explication gratuite, fabor !

Ecoutez-moi, Ô hommes et vous, Ô femmes j'invite l'œil à voir, l'oreille à écouter, la langue à dire et la main à saluer.

Louange à Dieu qui soumit la terre à ses serviteurs afin qu'ils y marchassent dans des routes spacieuses.

Il a fait paraître les astres comme un guide au milieu des ténèbres et a fait de la lune une lumière, du soleil un flambeau.

Un groupe d'hommes fait cercle autour d'un conteur qui récite des textes venus de la nuit des temps et impose silence.

Le conteur a besoin de silence pour mieux continuer.

— Il y a bien longtemps de cela, un étrange appel fut lancé aux hommes en pleine nuit ; un homme au visage caché émergea de l'eau, grimpa sur la colline de vieille terre et regarda les alentours.

Il contempla les plaines et les montagnes et vit des hommes assoiffés qui tiraient la langue et il leur dit :

— Approchez, voici mon eau douce.

Ils accoururent tels des chiens à la langue pendante et s'agenouillèrent sur la rive de l'oued Ksob.

— Les hommes construisirent des maisons au bord de l'oued et l'homme leur enseigna la manière de labourer la terre et de construire des bateaux.

Ainsi parlait Hmida le conteur, le " montreur des choses cachées ".

Entouré d'un public attentif, Hmida célèbre l'ordre dans un monde en proie au désordre.

Depuis vingt ans, tous les jours, il est là, à Bab Marrakech, à se brûler les yeux.

Il a l'humilité du vendeur de rêves à petit prix.

Son auditoire, composé de badauds et de ruraux, est en majorité analphabète, ils sont les invités de personnages fabuleux : rois magnanimes, princesses mélancoliques, vizirs cupides, philosophes sceptiques, guerriers téméraires et reines empoisonneuses.

C'est une vraie délectation pour ce public miséreux qui a l'impression de visiter des palais où tout serait en or : portes, meubles, fontaines et autres coupoles.

Hmida raconte des légendes éternelles.

Des légendes qui traversent le temps.

Il sait que le temps ne détruit que le réel.

Ce soir Hmida est triste, triste parce que le temps se gâte et que le public est rare.

Triste parce que la recette est maigre.

Drapé dans sa dignité, Hmida répugne à

demander l'aumône aux cinq ou six fidèles qui restent.

— Mes amis, dit-il, pour vous ce soir, je joue le tout pour le tout, puisque le cœur peut s'arrêter à tout moment, je vais enfreindre la loi, j'évoquerais pour mon plaisir et pour le vôtre les sujets sexuels, les sujets les plus tabous.

— Oui, Oui, cria un vieux sybarite au regard concupiscent

— Parle-nous de Fleur d'Amour, murmura un jeune édenté.

— Béni soit mon maître qui m'a appris cette légende, dit Hmida.

Hmida prit son guembri et se mit à chanter la tristesse comme espérance – je suis le seul au monde à opposer le plaisir charnel qui ne se marchande pas, la gratuité de la jouissance à la tradition du donnant donnant.

" Oublie le bonheur dont tu jouissais hier,
Mais qui ne t'a point suivi dans le présent,
Sois heureux, n'attends rien, ne regrette rien,
Ce qui doit arriver est écrit dans le grand livre,
Que feuillette au hasard le vent de l'éternité "

On raconte qu'un jour un jeune prince trouva dans le jardin de son palais deux jeunes esclaves, belles, nubiles et bien faites, yeux de biches, joues de rose, bouches en forme d'anneau de la Mecque, cous d'ange, seins de grenade.

La première esclave caressa les fines mains du prince et la seconde glissa sa main dans son séroual et caressa le petit oiseau qui somnolait.

— Petite voleuse, dit la première esclave, tu ne peux garder l'oiseau pour toi toute seule !

— Ne dit-on pas que la terre abandonnée appartient à celui qui la fait revivre, répondit la seconde esclave.

— Non, l'oiseau m'appartient en vertu de la parole des anciens. Le gibier appartient, non pas à celui qui le lève, mais à celui qui le prend.

A ce moment du discours de Hmida le conteur, un des six hommes quitta précipitamment le cercle.

— C'est, murmura le vieux sybarite, Tahar Talakhcha.

— C'est le mouchard du Pacha, affirma le jeune édenté.

— Qu'il aille ! Qu'il moucharde et que la malédiction divine s'installe à jamais dans son cœur, clama Hmida qui enchaîna

— Ecoutez mes frères ! A quoi sert la parole ? A quoi sert de donner aux gens la parole assortie de l'interdiction de l'utiliser ? Prison pour prison, je continue, dit Hmida le conteur, en riant aux éclats.

" Ô jouvenceau, beau comme un livre de lune.

Visage pareil à la rose qui illumine le monde,
Laisse mon cœur soupirer et mon âme s'épancher vers toi
Ô sultan de Beauté.
Vois, mon cœur bat que l'amour exalte.
Je comprime ses élans
Je retiens son tumulte.
Mais en vain.
Voici mes seins s'affirmer sous la soie.
Vois mes seins s'offrir à toi seul.
Ô sultan de Beauté ".

— Ô Hmida, dit le jeune édenté, que tu sois béni, tes paroles me font oublier la vie misérable que je mène, continue.

— Tu nous excites, dit en haletant le vieux sybarite ; que tes paroles se rapportent à tout ce qui est en dessous de la ceinture.

— Connaissez-vous, chers compagnons, l'histoire de Didi Hab el Mlouk ? le pédophile qui proposa le contrat le plus alléchant à un mignon imberbe ?

— Que dit le contrat ? hurla l'assistance.

— Mon maître Ahmed Tifachi m'a dit…

— Que dit le contrat ? claironna le jeune édenté.

— Le contrat stipule, dit Hmida, que si l'homme agissait entre les cuisses, il fallait un dirham et que s'il entrait dans la maison, le prix à débourser monterait à deux dirhams. Or, l'homme entra dans la maison. Au moment du règlement, il sortit de sa poche un seul dirham et le lui donna. Le jeune homme déclara :

— Entre toi et moi, il y aura le juge.

— Et que lui diras-tu ? demanda Didi Hab el Mlouk.

— Tu m'entendras dans un instant.

Il le convoqua de suite devant le juge. Dès que celui-ci se fut assis, et avant que le jeune homme ne parle, le juge lui dit :

— Jeune homme, je vous autorise à parler pour ne rien dire.

— " Que Dieu augmente ta puissance, ô juge ! J'ai loué à cet homme un âne qui devait le conduire jusqu'à la porte de la ville, pour un dirham. S'il entrait dans la cité, il me paierait deux dirhams, selon notre convention. Or, il est entré, parcourant un bout de chemin, il ne m'a pas réglé ce que j'avais le droit de recevoir ".

Sur ce, l'homme plaida en ces termes :

— " Que Dieu augmente ta puissance, ô juge ! Il m'a passé un âne que je n'ai pas pu maîtriser. Cet animal s'est lancé à l'assaut et il m'a fait entrer dans la ville ".

Le juge réfléchit un long moment sur le problème, mais il dit :

— " Le plaignant doit recevoir un dirham et

demi car la position médiane entre les extrêmes, est la meilleure ".

— Voilà mes fidèles compagnons, un échantillonnage des anecdotes que j'ai appris. En les écoutant vous les avez appréciées de la manière la plus vive. Sans bruit d'eau – bruissement du vent, sans les chants des oiseaux, sans musique, sans légendes.

— Tu cours un grand danger, lui dit le vieillard.

— Quitte la ville ce soir.

Adieu pays mal lavé, pays d'esclaves et de despotes. Adieu peuple trop soumis, les larmes me viennent aux yeux sans crier gare.

Le conte, chers amis, distrait les affligés, je demande à Dieu, qu'il soit exalté, que je ne dépasse pas les limites permises dans le langage, Amen.

Le petit groupe se sépara à l'aube, au moment même où des centaines d'oiseaux traversaient le ciel qu'ils obscurcirent.

Quelque chose se passe qui provoque des modifications physiologiques et psychologiques telles que l'oiseau obéit, saisi d'une impulsion plus forte que la vie même.

Qui provoque les migrations ? On sait depuis longtemps qu'elles ne sont pas uniquement l'apanage des oiseaux nichant en pays tempérés, qui se replient dès le froid vers les régions chaudes.

A Mogador, on a vu se jeter contre les barreaux de sa cage un oiseau captif à l'époque où le ciel s'emplit de milliers d'oiseaux. Personne n'oubliera, ce jeudi 27 décembre 1938 à onze heures vingt, l'oiseau qui s'est fracassé le bec dans la maison de Si Tijani, rue du quatrième Zouave.

Si Tijani et son ami Si Bouchaïb avaient une passion : déchiffrer les inscriptions tombales dans l'espoir secret d'écrire un jour une chronique des personnalités de Mogador.

Ils décryptent d'étranges indices - ils se passionnent sur l'origine de la ville.

Ils recherchaient des livres anciens — des manuscrits inédits — ne rataient pas une seule vente aux enchères de tout document concernant la ville.

De retour de leur nzaha hebdomadaire ils furent malgré eux les témoins d'un horrible drame. Quatre jeunes gens descendirent d'une vieille voiture, deux garçons et deux filles. Ils n'ont pas quatre vingts ans à eux quatre. Pas de temps à perdre, ils avaient roulé depuis une semaine, ils étaient en vacances. La mer était là à dix mètres.

Ils détachèrent la coque du petit voilier fixé à l'envers sur le toit de la voiture.

Toute blanche, la coque racla le sable et fonça droit au large, libre comme un alezan, soudain lâché dans le pré. Il ne fallut pas moins de quatre jours pour que les corps des quatre jeunes gens, rejetés près de Borj El Baroud, soient identifiés et le drame reconstitué.

La mer, on le sait, est traîtresse.

En peu de temps, ce qui ressemble à un lac lisse, sans rides ni marées, peut se déchaîner. La brise enfle, le soleil se voile, le vent se lève sournoisement et, brusquement, c'est la tourmente.

— Un coup de mer, grogna Raïs Annimirou.

— Ils ont perdu si bêtement leur bateau, le premier jour de vacances, répondit Raïs Hamou.

— Un bateau qui avait coûté toutes leurs économies, conclut Al Haj, le commissaire de police.

Ils sont morts tous les quatre pour deux heures de soleil.

La mer, comme la route, a ses chauffards aussi dangereux et parfois cyniques.

Elle a ses imprudents, téméraires ou inconscients. Elle n'est pas une amie paisible, une compagne sûre, une associée inoffensive ; sa paix, le silence qui l'habite, le dépaysement total qu'elle offre, sont autant de pièges et de tromperies. Ses réveils sont imprévisibles, ses colères redoutables, ses vengeances effroyables.

Les corps des deux garçons et des deux filles sont maintenant étendus, gisant sur le sable mouillé ; le visage presque diaphane de l'une des malheureuses filles rappela à Si Tijani un amour ancien qu'il croyait oublié à jamais, enfoui dans le monde du silence.

— C'était il y a longtemps, confia Si Tijani à son ami Si Bouchaîb, j'avais à peine dix-huit ans quand j'ai décidé de poursuivre mes études à la Karaouiyne de la prestigieuse université de Fès, sous la férule du Fqih Bensouda – Un océan de sciences –, je me suis arrêté à Casablanca pour quelques jours, et c'est dans cette ville pernicieuse que j'ai aimé Touda, la jeune et séduisante fille aux chevilles de gazelle et au regard à faire fondre le cœur des hommes les plus cruels. Touda était un mystère fait femme ; elle ne ressemblait à personne et moi je suis sensible à ce qui ne ressemble à rien, tu le sais, toi mon ami. Comme les fleurs ont été créées pour le bonheur des insectes, j'ai cru que Touda avait été créée pour moi, uniquement pour moi.

— Tu es eau – lui dis-je, tu es papillon, asphodèle et coquelicot, je t'aime Touda.

— L'amour est si éphémère et l'oubli est si long. Cette réponse était si inattendue… j'étais sidéré, je ne savais quoi dire. Règne maintenant un silence peuplé de chants d'oiseaux.

— Veux-tu m'aimer Touda ? Peux-tu m'aimer ? On s'enferma dans un silence inquiétant.

— Le silence est refus chez l'homme et consentement chez la femme, balbutia Si Tijani, puis la conversation tomba. Touda s'est senti rougir comme si on la prenait en faute, elle avait l'air d'avoir un ange dans la tête et un autre dans le cœur.

— Nous avons Touda et moi le même âge mais pas la même âme, pensa tristement Si Tijani, l'amour quand on est jeune est comparable à une infirmité qui vous isole.

Comment construire une vie à deux alors qu'à notre âge d'insouciance nous jetons la vie à tous les vents. Je suis trop jeune, pensa Si Tijani.

Touda s'empara d'une bouteille d'eau fraîche et but à la régalade — sans que le litron touche ses lèvres. Quelle grâce ! quelle taille fine ! quelle jolie poitrine — un peu plate peut-être mais qu'importe pensa-t-il, on est plus prêt du cœur quand la poitrine est plate.

Le destin qui fixe irrévocablement le cours des événements – ce destin impitoyable sépara les jeunes tourtereaux. Quelques mois plus tard, Touda fut mariée sans son consentement à un dresseur de fauves du cirque Amar qui, par malchance, a été déchiqueté par deux léopards affamés, laissant Touda jeune veuve mais pratiquant le métier de trapéziste.

Si Tijani lui, rebroussa chemin ; abandonnant son projet d'études à Fès, il finit par opter pour l'université Ben Youssef, à Marrakech.

Il y passa cinq ans. De retour à Mogador, on l'appela Fqih Al Marrakchi, un surnom un peu gratuit, un peu fabor.

Il y avait foule ce matin-là devant la maison du Pacha. D'abord des vauriens, des clochards, des petits chapardeurs, une sorcière, Hoummane le boulanger fournier et Hmida le conteur.

Le Pacha était visiblement de mauvaise humeur. Sur son visage rond, dévoré par une barbe grise, peuvent éclater de violentes colères – redoutées par son entourage.

Sévère et expéditif, il condamna Abbas Patatas Fritas à trois mois de prison ferme pour avoir pissé contre la voiture de monsieur Guignoix l'armurier.

Six mois de prison pour Abdel Aziz Al Azba pour s'être déguisé en femme et avoir forniqué avec un marin, maintenant en fuite. Un an de prison pour Fatna Sahraouia, l'ensorceleuse, qui grillait des rats et des caméléons qu'elle vendait à prix d'or aux gens simples et crédules.

— On m'a dit que tu as arraché la tête d'un coq.

— Je n'avais pas de couteau, répondit la sorcière.

— Tu as mis l'animal encore secoué de spasmes près de la bouche de Badani, le clown violoniste qui a léché trois fois le sang qui giclait.

— C'est pour sauver les désespérés. Que m'importe la prison, je suis, par la grâce de Dieu, guérisseuse de désespoirs. Je cautérise les plaies du cœur.

— En prison ! cria le Pacha. Où est Hoummane, le misérable boulanger ?

Un mkhazni introduit l'homme, un mulâtre grassouillet au crâne chauve et luisant.

— Je t'ai averti Hoummane maintes fois, cria le Pacha, je déteste qu'on brûle mon pain.

— Sid El Bacha, que Dieu allonge votre vie, ce n'était qu'un instant d'inattention.

— Tu t'es assoupi, parce que tu étais ivre mort comme d'habitude !

— Je jure, Sidi El Bacha, par le Saint Sidi Magdoul que je respecterais l'adage qui dit le pain avant le vin.

— Mais malheureux, que dis-tu là ? Cent coups de bâton sur la plante des pieds, j'ai dit !

Avant que le Pacha n'ait terminé son jugement, en un clin d'œil, le pauvre Hoummane, jambes en l'air, s'est vu donner sur ses pieds ferrés des coups de fouet secs et douloureux.

— Au suivant, cria le Pacha.

Hmida le conteur s'avança la tête haute, mais un léger tressaillement lui traversa les genoux. Une phrase qu'il avait lue ce matin même dans un livre lui vint à l'esprit :

— Quand on aime beaucoup la vie on est plus sensible à l'idée de la perdre. Hmida aimait la vie.

— Qui es-tu toi, lui dit le Pacha, ton visage ne m'est pas étranger ?

— Je suis Hmida le conteur…

— Hmida ?

— Le conteur, celui qui…

— Ah ! celui qui raconte des histoires pleines de mensonges ?

— Je raconte, sauf votre respect, les épopées des Prophètes, les pèlerinages des Saints…

— Et dans quelle catégorie se trouve l'histoire du petit oiseau qui somnole ?

— Je raconte Al Azalia, Al Antaria…

— Parle-moi de l'oiseau, du petit oiseau qui somnole !

— Je demande l'Amane Sid El Bacha, je demande l'assurance de ne pas être inquiété.

— Parle ! Je t'écoute.

— Je suis Hmida, le vil serviteur de Dieu, le moustique. J'étais vendeur de poudre pour les maux d'estomac, de graisse d'autruche pour les érections, de poils de souris orphelines pour conjurer le sort. J'ai même rédigé des talismans, collé des poils sur les œufs que les femmes divorcées déposent dans la niche de Sidi Si Bourricha, le Saint patron de Jorf Hmam. J'ai quitté Mogador il y a un an. J'ai cherché la solitude dans la foule et le silence dans le bruit. Je n'ai pu supporter l'exil et je suis revenu pour retrouver les yeux des femmes souiries qui savent émouvoir les cœurs et émoustiller les sens. C'est l'amour, c'est Iblis le lapidé qui m'a induit en erreur.

Le Pacha ébaucha un léger sourire qu'il réprima aussitôt :

— Est considéré comme haram tout ce qui trouble l'esprit et excite les sens.

— Je jure Sid El Bacha…

— L'œil aussi est considéré comme membre sexuel. En te condamnant, je condamne le vice et la provocation !

Hmida murmura une prière ; il se voyait déjà entre les mains du bourreau.

— Hmida, tu t'es exposé à la déroute. Tu mets tes moustaches en danger d'être arrachées poil par poil, mais puisque tu n'as jamais fauté auparavant, je ne t'enverrai pas en prison, mais je t'interdis d'exercer ce métier dangereux pendant un mois.

— Je n'ai pas de ressources, pas de famille, balbutia le pauvre Hmida.

— Ne sais-tu pas qu'il y a des mots qui font peur et des mots qui tuent. Alors pourquoi racontes-tu des insanités ?

— Dieu me pardonne Sid El Bacha, le pain c'est le paradis et la faim c'est l'enfer. Cette vie n'est pas vivable.

Le vendredi suivant, dans la Zaouia Sidna Blal, le Pacha ordonna à Hmida le conteur de jurer sur le saint coran et de renoncer définitivement à raconter des histoires obscènes en public.

— Que Dieu pardonne à Hmida ses actes illicites, clama le Pacha à l'adresse de l'assistance, mais puisqu'il a juré devant Dieu et devant vous, je lui permets d'exercer son métier, son gagne-pain, une fois par semaine à une condition : qu'il abandonne ses textes sataniques et qu'il se contente d'expliquer les rêves pour atténuer les angoisses des braves gens.

— Que Dieu allonge la vie de Sid El Bacha, cria Hmida.

— Amen, répondit l'assistance en chœur.

Le Pacha se retourna avant de quitter la mosquée et dit :

— Et n'oublie pas Hmida, une fois par semaine, le vendredi après la prière.

Ce que le Pacha n'a pas dit, c'est qu'il engagea Hmida le conteur pour son usage personnel.

Les légendes et contes érotiques lui étaient dorénavant exclusivement réservés.

Haram alaïkoum

Halaloune alaïna

" Ce qui est illicite pour vous est licite pour nous. "

Hmida le conteur est assez cultivé pour décrire les belles esclaves, chanteuses, musiciennes, danseuses, qu'on appelle Quiyân, généralement circassiennes ou turques.

Ce sont des filles raffinées dont le talent rehausse le niveau des soirées de beuveries.

Hmida charmait le Pacha quand il racontait les savoureuses histoires des Sahiqas, les lesbiennes ou encore celles des ghoulamyates, les filles sveltes dont la poitrine est plate comme celle des jeunes garçons.

— Aussi bien que de fille, elle sert de garçon, dit-il malicieusement.

Le Pacha, pourtant homme de culture, ignorait tout du grand poète Abu Nouass.

" L'homme est un continent
La femme, c'est la mer
Moi j'aime mieux la terre ferme. "

Le Pacha se délecte. Hmida le soupçonne, d'être, lui aussi, un amateur éclairé de jeunes imberbes à la peau lisse. Ces " amrades " sont d'immortels ephèbes, semblables à des perles cachées.

J'ai quitté les filles pour les garçons
Et, pour le vin vieux, j'ai laissé l'eau claire.
Loin du droit chemin, j'ai pris sans façon
Celui du péché, car je préfère,
J'ai coupé les rênes et, sans remords,
J'ai enlevé la bride avec le mors.
Me voilà tombé amoureux d'un faon
Croquer, comme un clair de lune, son front
Chasse les ténèbres de la nuit noire.
Il n'aime porter chemise en coton
Ni manteau de poils du nomade arabe,
Il s'habille court sur ses fines hanches,
Mais ses vêtements sont de longues manches.
Ses pieds sont chaussés et, sous son manteau,
Le riche brocart offert se devine,

Il part en campagne et monte à l'assaut,
Décoche ses flèches et ses javelines.
Il cache l'ardeur de la guerre et son
Attitude au feu n'est que magnanime.
Je suis ignorant, en comparaison
D'un jeune garçon ou d'une gamine.
Pourtant, comment confondre une chienne qui eut
Ses règles chaque mois et mit bas chaque année,
Avec celui que je vois à la dérobée :
Je voudrais tant qu'il vint me rendre mon salut !
Je lui laisse voir toutes mes pensées,
Sans peur du muezzin et de l'imam non plus.

Ecoute Hmida, dit le Pacha, il faut éviter de parler de ces choses un peu salées avec ceux qui n'ont pas d'instruction.

La relation avec les gens incultes fait perdre la bonne réputation et viole les règles de la décence.

— Je sais, Sid El Bacha, que seuls les gens instruits considèrent mes paroles comme marque de raffinement et de délicatesse.

La vie n'est que jeu et divertissement.

Aflatoune, le sage de grand mérite, a dit " le fait pour ton esprit de se mettre à l'aise est comparable au fait pour ton corps d'exposer une de ses parties qui doit être cachée. N'agis ainsi que devant celui en qui tu mets ta confiance et qui la mérite ".

— Vos paroles, Sid El Bacha, sont pleines de sagesse, mon maître Tifachi dit ...

— Tifachi ? Tu parles de l'auteur des Délices du cœur ?…

— Lui-même, dit Hmida.

— Ce Tifachi que j'ai lu il y a longtemps, dit le Pacha à voix basse, ce Tifachi dit des choses qui font battre le cœur comme les courtisanes et irriguent les infinis replis du cerveau.

— Tifachi a raconté l'histoire suivante au sujet d'un certain Abuqal. Il avait un homme qui travaillait à lui fournir des jeunes gens. Un jour, Abuqal lui dit, en présence d'un groupe de personnes :

— Va. Si tu le vois, ne lui dis rien, et si tu ne le vois pas, dis lui de venir ".

L'individu s'en alla, puis revint lui déclarer :

— " Je ne l'ai pas vu, je lui ai donc dit de venir, il vint, et alors il ne vint pas ".

Après cet échange de phrases, on demanda au messager ce que cela voulait dire.

— Il m'a envoyé convoquer un jeune homme, répondit-il en me disant " : Si tu le vois, c'est-à-dire : si tu vois son maître, "ne lui dis rien", c'est-à-dire : si tu ne vois pas son maître, "dis-lui de venir", c'est-à-dire : dis au jeune homme de venir. Je suis allé trouver celui-ci. "Je ne l'ai pas vu", c'est-à-dire : je n'ai pas vu son maître. "Je lui ai donc dit de venir" : j'ai dit donc au jeune homme de venir. "Il vint", c'est-à-dire : son maître vint à ce moment "alors il ne vint pas", c'est-à-dire : "le jeune homme ne vint pas".

— Tout cela me semble un peu compliqué, dit le Pacha en baillant, bonsoir conteur.

Hmida salua le Pacha et se dirigea vers la porte de sortie où l'attendait Mabrouk, un solide gaillard qui lui remit une enveloppe bien garnie.

— Que Dieu garde notre Pacha bien-aimé.

— Amine, répondit Hmida en s'éloignant.

L'enveloppe contenait cinq mille francs, de quoi vivre largement pendant un mois.

— Cette nuit-là, à Mogador, se dit Hmida, je n'aurais pas travaillé fabor.

Ici, la nuit est vraiment noire, la ville n'est pas atterrée par les scintillements des sodiums et des barres de néon.

Cette nuit, une chaleur exceptionnelle a contraint les mogadoriens à quitter leur maison à la recherche d'un peu de fraîcheur.

Hmida, qui n'a jamais fermé son cœur aux malheureux, se dirigea vers le quartier Chabanate, pour retrouver ses compagnons d'infortune. Seuls ceux qui ne possèdent rien retrouvent les valeurs du partage.

Maintenant qu'il a mangé à la riche table du Pacha, il rejoint ses amis, les pauvres, seuls capables de joie : Diabolo, le bossu, qui criait à chaque pet évacué "Alloux".

Naw-Naw le musicien qui louchait, Qaîla le nain, petite cervelle, Aïssa l'aveugle et un serviteur noir au tarbouche couleur coquelicot ; ce nègre-là ne s'est pas lavé les mains depuis Ponce Pilate. Le fondouk est peuplé de personnages sortis de l'enfer de Jérôme Bosch. Personnages aux trente-six métiers, trente-six misères.

Tous nés sous le signe du désastre, ils se sont donnés rendez-vous comme tous les jeudis chez Khaddouj Sir F'halek la fille de joie (joie de qui ?).

Khaddouj portait une cicatrice personnelle provoquée par un amant désinvolte.

Leur humour servait à tromper le sentiment désastreux qu'ils avaient de leur apparence physique.

Hmida déposa sur la table quelques bouteilles de vin et de la Mahia, un alcool de figue qu'affectionnent particulièrement les juifs.

— Boire l'alcool c'est bien, dit Diabolo mais le boire dans des boîtes de guiguoz, c'est mieux.

L'isolement de ces marginaux est une réalité subie, ils sont porteurs, chacun, d'un passé et d'un mystère qui les hantent comme étrangers à la société.

Ils connaissent le désarroi de vivre et la joie de se tuer à petit feu.

Comme les effluves de l'alcool favorisent les confidences, Khaddouj Sir F'halek versa une quatrième tournée dans d'anciens pots de yaourt et, sans raison aucune, elle cria et ses larmes s'accompagnèrent de grands gestes disgracieux. Elle montra du doigt Aïssa en balbutiant :

— Co...Connai... Connaissez-vous le sourire de l'aveugle ?

Hmida, Diabolo et les autres se précipitèrent pour la calmer.

De brusques attaques convulsives lui avaient fait perdre connaissance.

On trouve dans son sac une petite bouteille de parfum "Soir de Paris" qu'on colla à ses narines.

Elle était épileptique et vivait dans la terreur incessante d'une attaque. Elle poussa quelques brefs cris de détresse.

— J'ai… j'ai rêvé hier… hier… Le rêve est mon seul refuge.

Nos rêves, disaient les anciens, sont les moyens inattendus de réaliser nos désirs intimes, nos désirs impossibles. Hmida lui chuchota à l'oreille :

— Raconte-moi tes rêves, je t'aiderais à les interpréter.

Un rêve la hante, elle se voit souvent sortir de son corps qu'elle appelle " l'enveloppe " pour traverser la pièce jusqu'au plafond. Elle se voit retourner au lit et se glisser de nouveau dans l'enveloppe. Elle, la rêveuse, visite souvent l'empire des morts.

— J'ai rêvé la nuit dernière d'une souris blottie dans le tarbouche de feu mon père !

— Ton rêve est fragile comme le regard d'un enfant, la souris ainsi que les rats représentent la richesse, le tarbouche, le turban et toutes sortes de coiffes personnifient le pouvoir et la force. Ton rêve, petite Khaddouj, t'apportera fortune et puissance. Pour cela tu dois, de ce pas, aller au souk acheter un coq blanc que tu déplumeras pour nous.

— Quelle interprétation me donne-tu là Hmida ? dit-elle en souriant doucement.

— C'est pour que tu souris, pour que tu oublies.

L'humour et le rêve cachent mal le désenchantement des laissés-pour-compte et des lendemains chargés d'incertitude et d'interrogations.

D'inquiétudes aussi.

— Fais-moi rire Hmida !

Khoubza maziana
Ande Wazana
Khoubza Medlouka
Ande Mellouka
" On ne trouve de bon pain
que chez Wazana
Mais pour une pâte bien pétrie
il faut l'acheter chez Mellouka ".

— De quoi as-tu besoin petite Khaddouj ? lui demanda Naw-Naw,

— Tout ce que j'aime est interdit ! hurla comme une hystérique Khaddouj Sir F'halek.

— Que personne ne bouge, cria quelqu'un dans la cour du fondouk, Police !

— Encore, chuchota Khaddouj.

— N'ayez crainte, dit Hmida, je suis l'ami du Pacha.

— Où est Diabolo ? Hurla El Hadj le commissaire.

— Je suis chez Khaddouj Sir F'halek ! répondit Diabolo en tremblant.

— Descends et ne fais pas de bêtises !

Plusieurs familles de soldats sénégalais habitaient dans le fondouk.

Des soldats que les enfants de Mogador chahutaient en leur disant :

— Kafir Billah, toi manger Haw-Haw ! Toi manger les chats !

Hmida le conteur accompagna Diabolo jusqu'à l'endroit où se tenait le commissaire au visage peu amène.

— Quel crime a commis ce pauvre Diabolo ? demanda doucement Hmida.

— Diabolo, pauvre Diabolo ? c'est un salopard : Qu'as-tu fait crapule des couvercles des regards d'égouts ?

— Quels couvercles monsieur le commissaire ?

— Les couvercles de fonte !

— Ah oui ! Je les ai jetés à la mer.

— Pourquoi imbécile ?

— Moi aussi je suis un résistant, je combats pour l'indépendance de mon pays. Mon combat commence par les égouts.

Le commissaire ne sachant que répondre lui intima l'ordre :

— Prends tes hardes et suis-moi.

Les infortunés amis de Diabolo ont tenu à l'accompagner et à le soutenir dans ces moments pénibles. Ils l'accompagnèrent jusqu'à Bab Doukkala.

Le commissaire El Haj confia le malheureux Diabolo à un camionneur en partance à Agadir.

— Le mois d'avril ne me réussit jamais, j'ai perdu mes parents au mois d'avril, j'ai perdu mes dents au mois d'avril, j'ai perdu un œil au mois d'avril et voilà que je perds Mogador en ce 1er avril.

— Fais-toi oublier quelques mois là-bas à Agadir.

A Bab Doukkala, ce ne sont que tableaux déchirants de ceux qui partent – en laissant une partie de leur cœur à Mogador. Pour Diabolo les yeux mouillés de larmes, ce fut une scène de déchirement, l'épigone d'une séparation. Hmida donna au banni tout ce qui lui restait de l'argent du Pacha. Diabolo a le regard vide, le regard d'une personne qui ne comprend pas.

— Tout le monde peut recevoir une promesse sur la tête. Pourquoi la lune qui est infiniment plus lourde ne tombe pas ? clama Diabolo.

Le camion démarra, la solitude suit Diabolo sous forme d'une boule d'angoisse.

Hmida accompagna le camion en courant et en criant :

— Diabolo combien y-a-t-il d'étoiles dans le ciel ?

— Neuf millions neuf cent quatre vingt dix-neuf cent quatre vingt-cinq… Elles sont gratuites, fabor.

Rêveur, Si Tijani laisse courir ses pensées en désordre ; les vieux souvenirs se mélangent avec les dernières nouvelles. Il pense à sa vie et l'écrit dans sa mémoire comme on bat les cartes du Temple – alors se succèdent et s'entremêlent comme des fondus enchaînés les tranquilles images d'auteur, l'enfance, les saisons, les rires, les larmes, les nostalgies, les amours et les rencontres, la rue, la maladie, la guerre, le tout enveloppé du bruit de la mer.

M. Louis Vatin, le contrôleur civil de Mogador, a réuni dans son bureau quelques notables lettrés de la ville et aussi de la région – M. Vatin parlait parfaitement l'arabe classique :

— Je demande messieurs, à ceux d'entre vous qui ont la capacité d'écrire l'histoire de Mogador. Nous n'avons dans ce domaine que quelques maigres chroniques. Seul Si Tijani a relevé le défi. Il écrivit son Iqad Assarira non sans difficultés.

Il écrivit malgré les difficultés, les pièges et embûches tendus par les autorités locales, alliées inconditionnelles du pacha de Marrakech.

Cette période fut pour Si Tijani la plus noire de sa vie. Il ne sortait plus, il vivait en reclus entre les pages manuscrites de son livre et le tapis de prière.

— De la prière surgit le remède, se disait-il – dans la peur de l'abandon, il n'y a plus que la foi.

Pour se libérer de la torpeur, de l'engourdissement envahissant, il se promenait la nuit dans les ruelles étroites de cette ville fermée, sourde, difficile à entendre – ruelles dont les murs suintent, murs souffrant de la maladie du temps.

Au fait, qui est Si Tijani – qu'on appelle – Fqih Marrakchi ? Un notable de la ville – figure charismatique, fin lettré, mufti – qui a l'aptitude de dresser des fatwas, des constatations religieuses. N'a-t-il pas dénoncé quelques membres de sa propre famille qui prétendaient être de vrais chorfas, des descendants du prophète ? Si Tijani écrivit avec un rare courage une fracassante fatwa pour dénoncer cette supercherie :

— Nous ne sommes pas des chorfas, disait-il.

Il est aussi auteur de Iqadh Assarira, un ouvrage sur l'histoire de Mogador. Si Tijani était prévenant, généreux, un peu colérique par moment.

Un rien l'énervait – il s'emportait comme ça, fabor.

Cette année, la fête du 14 juillet fut célébrée avec faste.

La communauté française de Mogador a mis les bouchées doubles pour lui donner un éclat particulier, car on célèbre le départ à la retraite du bon docteur Bouveret.

On aménagea comme il se doit le vaste garage Satiam. On le décora de calicots, de lampions, de multiples ballons et, bien sûr, de drapeaux tricolores.

Le discours d'usage fut prononcé par le colonel en retraite Valentin Estournet.

— " Cher Dr Charles Bouveret, mesdames, messieurs.

Au nom des habitants de Mogador, toutes races et religions confondues, permettez-moi de vous dire simplement : merci.

Merci pour l'immense œuvre que vous avez accomplie depuis votre arrivée ici en 1913 ; vous avez organisé les premiers services de soins dans cette ville et dans les environs. Vous vous déplaciez en calèche, à cheval, à pied, partout où les malades avaient besoin de votre secours. Vous avez créé de toutes pièces plusieurs unités sanitaires dont la moindre n'est pas l'hôpital de Derb El Alouj, l'hôpital Eugène Etienne. Veuillez accepter cher, très cher docteur, nos hommages les plus sincères – vous êtes pour la communauté de

Mogador le symbole, que dis-je, l'emblème du génie français. Merci.

Ce fut un discours qui alla droit au cœur du bon docteur et qui remplit d'aise l'assistance : Josso le chimiste et sa femme Marie Marthe, Milou le buraliste et sa femme Denise qui l'appelait mon lapin, il y avait aussi Plessier le préposé de la poste et sa femme You l'Eurasienne, la jolie Ledicia Azoulay et Smiha Bendavid les deux principales infirmières et bien d'autres encore.

— Allez, venez Milou, vous asseoir à ma table, cria monsieur Jean : il fait si froid dehors !

Côté indigène, comme on disait avec dédain, il n'y avait que le Caïd Brick le représentant du Pacha qui félicita chaleureusement le bon docteur Bouveret et s'éclipsa avant que l'alcool ne soit servi.

Il y avait aussi monsieur Wasti, traducteur algérien auprès du chef de Bureau arabe et enfin monsieur Lamouchi, le caustique instituteur tunisien.

Pour l'animation, on avait engagé un orchestre de Safi, composé d'Espagnols et de deux percussionnistes marocains de Tanger, et le magicien Chahrapour, un maître de Boujad qui fut ce soir-là franchement lamentable.

Le lapin qu'il sortait de son chapeau s'était enfui. Les tourterelles, visiblement affamées et assoiffées, refusèrent toute collaboration.

L'assistance ne s'est même pas aperçu des déboires du pauvre magicien.

Presque tous s'avinaient à l'envi et se ruaient sur les plats bien français : cochonnailles, fromages de la Métropole, quiches, cassoulets, potée et choucroute.

Bref, la colonie française faisait ripaille et, de temps en temps, on entendait Milou le buraliste chanter la Madelon ou encore " Auprès de ma blonde ".

— Place à la danse, cria le chef d'orchestre.

Les couples se formèrent et l'accordéoniste attaqua une Java, endiablée comme il se doit.

C'est le moment que le jeune Léon choisit pour entraîner la petite Sylvie derrière les coulisses pour l'embrasser et lui conter fleurette.

Je voudrais ne plus te connaître
Pour flirter ce soir avec toi
Comme avec une inconnue
Et l'oublier ensuite comme les autres inconnues

Léon a rencontré Sylvie dans le train Casablanca-Marrakech. Ce fut un coup de foudre ferroviaire.

Léon était le seul Français de Mogador dispensé de régiment, alors que la guerre faisait rage.

Il paraîtrait qu'il est insomniaque et qu'il n'a pas fermé l'œil depuis quatorze ans.

L'ambiance était chaude, très chaude :

On entendait proclamer des formules de ce genre :

— Une femme, il faut toujours la prendre à quelqu'un, à quelque chose ou à elle même. Clara Josso, écoutez-moi bien, ce n'est pas que je traite ma femme comme une chienne mais plutôt j'aime ma chienne comme une femme.

Léon se leva et s'adressa aux autorités de la table d'honneur.

— Ce soir j'enterre ma vie de caleçon !

Et un autre de dire :

— Nous ne voulons ni bourreaux ni victimes.

— Ce n'est pas le puits qui est profond, c'est la corde qui est courte.

La veuve Michèle, réputée pour la beauté de ses jambes, avait séduit son cavalier, monsieur Josso le chimiste, qui lui murmura à l'oreille pendant qu'ils dansaient le slow :

— Je vous offre cent hectares près du lieu dit Mardi des deux Serpents.

— Sont-ils irrigués ? miaula la belle Michèle.

Par malchance cette conversation vint aux oreilles de l'immonde monsieur Lamouchi qui se dépêcha de la répéter à plusieurs personnes.

La fête se termina tard, on éteignait les derniers lampions.

— Ce fut un quatorze juillet inoubliable !

— Oui, dit Lamouchi, soirée mémorable. Dorénavant, nous ne dirons plus la veuve Michèle, mais Michèle l'Irrigation.

La dernière voiture à quitter l'esplanade de la Satiam fut celle du bon docteur Bouveret qui dormait profondément. Le chauffeur de la voiture démarra en trombe, enfumant les innombrables mendiants qui égrenaient leurs plaintes et dont certains étaient si sales, si misérables que la mort elle-même ne voudrait jamais d'eux, même fabor.

La beauté de Farija était connue de tous.

Elle tenait maison ouverte, lieu de rencontres furtives, dans une rue étroite près de la Scala.

Elle avait de ravissantes pensionnaires : Aïcha Chidmya, la blanche aux yeux pers, Fadma Soussya la brune aux longues nattes, Marzuka, une frêle et belle ihoudiya de Mazagan et Yacouta la Tangéroise.

Cette maison, que les tenants de la rigoureuse morale appelaient la maison d'Iblis le démon, avait évidemment ses habitués : un riche armateur de Safi qui vendit son chalutier pour offrir à Farija les plus beaux et les plus onéreux bijoux. L'amour, disait-il, est aveugle et sa canne est rose.

Il y avait le Raïss Baq qui appelait Mogador Lalla Batikha, et Mourad, qui dilapida sa fortune aux jeux de cartes.

Deux ans plus tard, ce Mourad allait commettre le meurtre le plus atroce de la ville.

Pour une question d'héritage, il étouffa sa belle-mère et l'enterra dans les escaliers de sa maison.

Farija accueillait aussi quelques anciens footballeurs, Lucien Bonnet, l'unijambiste, et Jay Kem, le préparateur en pharmacie, et aussi Hassan El Guengue, au cœur tendre, qui était capable de sangloter sur commande et verser d'abondantes larmes.

— Il y a dans le langage des hommes deux phrases difficiles à dire : je t'aime et je pars.

Raïs Hoummane, à la barbe crépue qui se parfumait abondamment de "Soir de Paris" pour exciter la passion lubrique de Yacouta la Tangéroise, et enfin Raïss Metqal qui appliquait du henné sur ses cheveux.

— L'odeur du henné donne plus de force à l'amour, disait-il.

Il y avait aussi, parmi les débauchés de Farija l'entremetteuse, quelques riches étrangers venus des quatre coins du Maroc et même d'Algérie, ainsi qu'un Andalou arabisant, Alvarez, qui clamait son Islamité et se faisait appeler Mansour.

" Ne visite ta bien-aimée que durant la nuit
Méfie-toi du soleil, il est médisant
Alors que la nuit est agent de débauches "

Mansour, expliquant l'origine du nom Farija, prétendait qu'avec la racine FRJ, on obtient Fajr (aube), Faraje (ouverture après la tristesse), Infijar (explosion), Fourja (spectacle) et, bien sûr, Farj (sexe féminin).

Pour entrer dans la maison d'Iblis Presley et se vautrer dans le stupre, il faut évidemment montrer patte blanche.

Derrière la lourde porte veille le cerbère de service : Bouzaglou, qu'on nomme " Sidi Bahloul ou fammou mehloul " (Monsieur Bahloul à la bouche béante).

Une fois par semaine, généralement le dimanche, la maison de Farija reste close.

On n'y reçoit personne sauf quelques" autorités " qui viennent en visite incognito… pour le contrôle.

Pas d'imputation chez ces prostituées, ou, si peu marquée, qu'un regard étranger ne décèle pas.

Un verre de thé en cristal ou un peu de vin dans une tagra en poterie, des bavardages, une étreinte dans la splendeur des caftans. Plaisir en ville.

Trouver la femme à la taille de roseau et au visage plein comme une pomme. La voici, Merzuka, abondamment parée sur le front de diadèmes d'argent incrustés de cabochons.

Dans ses yeux en forme d'olives noires, les tizbibintes et, sur ses lèvres fines, quel sourire !

La vocation des pensionnaires de Farija est de séduire l'homme.

Pour l'heure, elles restent silencieuses, dans l'attente d'un don.

Farija s'avance, majestueuse, une beauté sévère, mais pure. Cette femme aurait pu être citoyenne d'Athènes, il y a trois mille ans.

Elle s'avance, sentant l'odeur subtile du musc, souriante de toute son éclatante dentition, sertie de l'écrin de ses lèvres.

Elle porte deux boucles d'oreilles, deux magnifiques Rikadasses serties de diamants.

— Je suis la monnaie d'un métal pur
Sous aucun mélange de nickel ou de cuivre,
Chanta la blanche Aïcha.
— " Tu es la monnaie qui va de main en main "
répond Fadma.
La pièce percée où passent tous les vents.

— Tu es la chienne qui montre ses dents, dit Farija en riant. La chienne que les caresses de Miloud apaiseront ce soir.

Fadma prit sa petite guitare à trois cordes, son guenbri, charmant l'assistance par des paroles plaisantes au cœur et à l'oreille.

" Dans mon cœur ô Daoud
Tu as creusé un puits profond
Tu es si beau
Que je n'ose lever les yeux sur toi
Je t'aime
Et ton regard me brûle le cœur
Attends-moi ce soir près de la Scala
Et demain, c'est toi qui n'oseras plus
Me regarder ".

En fin de soirée, chacun alla retrouver sa chacune.

Une larme furtive glissa sur la joue de Farija, maintenant seule dans sa superbe chambre.

Elle laissa un instant se tarir sa mélancolie réveillée, pénétrée d'une invisible flamme qui la brûlait.

— Me voici, se dit-elle, comme un arbre dépouillé de ses feuilles, comme un nouveau-né abandonné sur une colline de sable chaud.

Elle entend une voix lointaine qui semble venir d'au-delà les mers, de derrière les nuages, la voix d'un amour brisé qui lui dit :

— Rien n'est plus dur que ton cœur, Ô Farija !

Dur comme Jbel Lahdid, froid comme le turban blanc de l'Atlas.

Cette voix lointaine était celle d'un pêcheur qui se ruina pour ses belles joues roses.

Farija sourit doucement.

— Cela m'apprendra à aimer le premier coup de foudre venu !

Ne dit-on pas que Farija trouve plus de plaisir dans la tristesse qu'elle n'en trouve dans la joie ?

Ne rien attendre ! Farija est parvenue au-delà de l'espoir, à l'usure du corps, à l'épuisement de l'errance, à la douleur de la faim. Tout ce qui ne laisse d'autre désir que celui d'apaiser un peu l'intensité de ce malaise — ni révolte, ni projet, ni pensée — Rien.

Farija a connu toutes les nuances de la mélancolie, depuis la tristesse insolente jusqu'au désespoir le plus noir.

Quand on est amoureux, pensa-t-elle, on ne sait pas à quel point on fait du mal ; les gens qui ne nous font pas du mal ne nous aiment peut-être pas. En tout cas, c'est ce qu'on dit dans les films. Mais pour voir les films, il faut payer, ce n'est pas gratuit. Ce n'est pas fabor.

Je n'ai pas mis les pieds à Mogador depuis longtemps. Depuis le mariage de la petite fille qui volait des boîtes d'allumettes.

Cérémonie inoubliable, animée par Naw Naw et ses musiciens.

Chikha Rouida, la célèbre chanteuse musicienne de Casablanca, est venue en personne pour charmer ses admirateurs.

Pour elle, pour son art, et surtout pour le tortillement de ses hanches et pour sa voix presque rauque, brûlante de toutes les nostalgies, la star avait brillé cette nuit-là par ses chants lumières :

Harki arrouida
Ou khalli el motor
Idour

Actionne la roue pour que tourne le moteur !

Pour elle on a fait bouillir l'eau en jetant dans le braséro des billets de mille francs, de l'eau bouillante pour un verre de thé.

Chikha Rouida fumait d'étranges cigarettes de plusieurs couleurs.

Des cigarettes turques.

Mogador a du mal à s'en remettre, elle est maintenant repliée sur le souvenir de sa splendeur.

J'ai passé la nuit à l'hôtel des Îles, hôtel aux charmes usés.

D'ailleurs, il est inutile de dormir puisque le rêve circule en liberté dans les rues de Mogador, ville qui autorise les plus folles équipées oniriques.

Près du chalet de la plage, j'ai remarqué une moto " Tak Tak " comme on l'appelait à Mogador.

C'est une marque exclusivement Mogadorienne Moto énorme, un peu rouillée et poussiéreuse. C'est peut-être celle de Waznar, le restaurateur, qui aimait répéter :

— Il vaut mieux aller à l'apéro qu'à l'opéra.

Il buvait de petits verres de rhum, parce que le rhum, n'est-ce pas est la boisson des îles de légende. Il rebâtissait là son avenir sur des rêves d'espace, des amours de marin.

J'ai traversé le jardin du Méchouar où des gamins jouaient aux osselets sous le regard vigilant de quelques vieillards.

C'est un jardin un peu cirque, un peu maison de retraite.

Fidèle aux souvenirs d'enfance, j'ai rendu visite à Si Miloud le brocanteur, qui me parla d'un étrange personnage, fumeur de pipe, Monsieur Noirot.

Pour draguer les femmes de la rue, le capitaine Noirot, l'homme aux sept chiens, les appâtait en leur montrant furtivement un bracelet en or.

Des bracelets, il en avait douze que sa femme Yvette découvrit soigneusement dissimulés dans le double fond d'une corbeille à papier. Quelle aubaine ! se dit-elle, je vais enfin pouvoir le larguer.

Elle obtint le divorce et quitta Mogador pour rejoindre son amant au Gabon.

— Mogador a bien changé, soupira Si Miloud, finie l'époque des délicieux Palibis de Si Driss le pâtissier. Plus personne ici ne comprend la signification du mot sacatrapo, le tire-bouchon, ni le mot garfou, la fourchette.

Un peuple qui perd ses mots, ses définitions, perd son âme, n'est-ce pas ?

— Pour nous les Mogadoriens, enchaîna-il, les mots douleur et joie sont presque synonymes. C'est-à-dire qu'il n'y a jamais de joie totale. Il n'y a jamais de douleur désespérée, mais il y a toujours, enfoui en nous, un espoir latent.

— Même la communauté juive, naguère nombreuse, est réduite maintenant à sept personnes : Haïm le bohémien, David le plombier, Meyer Cohen le drapier de Souk Jdid, Chalom l'ex-barman, Sebbagh dont on ne sait de quoi il vit, Daniel l'aveugle et cette pauvre El Alia.

El Alia, des dizaines de bracelets en cuivre aux bras, deux baluchons sur le dos, errait dans les rues de Mogador pour ramasser tout ce qui traîne, mégots et papiers.

De méchantes langues disent que c'est grâce au vent et à El Alia que Mogador est propre.

Abdallah Majout lui a trouvé un joli sobriquet, "El Alia Service d'hygiène".

Alia était malheureuse, mais elle avait la chance de ne pas le savoir.

Personne à Mogador ne se souvient de la voix d'El Alia quand elle chantait.

Les soldats se battaient au couteau pour l'approcher et pour déposer à ses pieds un rial en signe de reconnaissance.

Pourquoi El Alia a sombré dans une douce folie ?

— Ce sont les vagues phosphorescentes qui l'ont rendue folle, me dit Si Miloud. Elle allait toutes les nuits cueillir le Zaouaq des vagues marines pour se purifier et pour éloigner le mauvais œil.

Elle a perdu la raison en cherchant partout Bachar El Khir, insecte qui tournoie autour des cierges qui brûlent.

El Alia avait droit à tous les sobriquets de la gente française de Mogador :

— Elle est zinzin – toquée – cinglée – démente – barjo – dingo – brin de zingue – givrée – tapée – timbrée – tordue – siphonnée – fêlée.

Elle a quitté le monde de la raison quand elle a confié toutes ses économies à un charlatan de Tamasloht pour acquérir plus de mille harzs, mille talismans.

J'ai pris congé de Si Miloud en pensant à ce vieux proverbe juif qui dit :

" Celui qui trouve le repos dans la folie n'a pas besoin de la raison ".

Kabbour, lui, avait un peu plus que cinquante ans

— Je ne dépassais jamais plus de vingt sebsis de kif par jour !

Dans un minable café de Mellah El Qdim, ils étaient quelques-uns à tirer sur la longue pipe quelques bouffées voluptueusement aspirées et gardées le plus longtemps possible dans les poumons ; la pipe changeait de mains, passant de l'un à l'autre.

— Le kif est le rêve des pauvres, murmura Kabbour.

— Le kif et le cinéma, répondit Kaliba l'éboueur

— Moi j'aime les films de Charlot mais je ne comprends pas pourquoi il ne parle pas dans ses films.

— Si tu passes par Souk Waqa, me lança Si Miloud, rends visite au Caïd Brik.

— Tu veux dire l'ex-Caïd ?

— Tu verras. Depuis qu'il est à la retraite…

Un étrange rire et une toux grasse l'empêchèrent de terminer sa phrase.

En passant par Souk El Ghzal, j'ai tenu à saluer le bon et doux Si Hilali, l'horloger, le spécialiste des réveils Jaz, qui était capable de connaître l'heure rien qu'en regardant l'ombre des palmiers. Il était en compagnie du seul communiste de Mogador, un communiste à tendance Marx Brothers qu'on surnomma malicieusement Ilich-Marx.

Ce militant qui ne porte que des cravates rouges déprime son frère, un brave herboriste, qui vit mollement dans sa minuscule échoppe :

— Ton commerce ne marchera jamais ! tu es là à attendre que Dieu t'envoie un client comme il envoie une mouche à l'araignée. Tu vends des objets dérisoires, des objets d'avant les machines.

J'ai croisé Si Ahmed Richan'aâme, (les plumes de paon), un vieux beau qui, chuchotait-on à Mogador, a dépucelé plus de mille vierges, lui qui voulait être vétérinaire et se contenta d'élever un chien. Si Ahmed plumes-de-paon ne pense plus qu'à sa panse. Il passait ses journées dans la cuisine avec sa femme, une créature longue et laide, une noiraude affublée d'une touffe de poils jaunes sur la joue. Ils avaient en commun une passion, les délicieux tajines de moules, les tigri.

Le clown violoniste fit irruption pour annoncer la mort de notre ami Kabbour.

Alerté par l'odeur, les voisins ont appelé la police ; Kabbour était mort depuis une bonne dizaine de jours environ. Kabbour a toujours été seul. Il a toujours fait face aux vicissitudes de la vie, sans gêner personne. Kabbour était orphelin de père, sa mère l'avait élevé seule. Kabbour a accompagné les dernières années de sa, mère jadis " madame Pipi " au club de Mogador. Finalement, Kabbour était seul à l'enterrement de sa mère. Absolument seul. Il faut dire qu'un vent terrible avait soufflé à Mogador, il n'y avait personne dans les rues.

Kabbour a été expulsé de l'unique chambre qu'il occupait avec sa mère dans une misérable et obscure mausarde. Il a connu le chômage, la faim et le désespoir. Mais il n'embêtait personne, c'était trop tard pour l'aider, il est parti seul. Le service des indigents à la municipalité s'occupera de l'enterrement, gratuitement, fabor.

Ce n'est pas souvent qu'il aura bénéficié d'un service gratuit.

Il est né le 1er janvier 1900, il est mort à cinquante ans, le 1er janvier 1950.

— Que peut-on faire pour lui ?

— Rien.

— Si.

— Vivre ?

— Vivre dignement.

— Il était digne Kabbour.

— C'est le soldat inconnu de Mogador. Mogador fabor.

Tous les après-midi, à partir de cinq heures, sur la place Bab Doukkala, un public friand de spectacle fait cercle autour des acrobates du Souss, des gnaouas de l'ancien Soudan et surtout des conteurs.

Il n'est pas toujours dommage que les paroles s'envolent. Il en est pourtant dont la disparition ferait regretter qu'elles ne se figent dans l'air. Les paroles intarissables de ces rawis conteurs, colorées et nées de cultures différentes : arabes, berbères, persanes, africaines et indiennes que de bouche à oreille, on prononce, écoute, répète. Elles s'enrichissent dans la société marocaine en pérennisant des contes qui sont bien plus que des historiettes, mais l'indispensable oralité a son inconvénient : elle ne touche que ceux qui ont le privilège d'être des auditeurs. Le conteur marocain est fils de Shehrazade mais aussi l'héritier de l'amuseur public africain, du griot. Le conteur Si Ahmed, dit moustique, raconte les victoires, les échecs, les rires et les larmes, les drames et les espérances ; mais là où Ahmed excelle, c'est quand il évoque les milliers d'éclats de vie arrachés au registre du malheur et de la détresse. Tout un monde de sensations, de significations, de désirs et d'immoralité. Des histoires interminables pour des badauds composés de ruraux, de désœuvrés mais aussi de citadins, de trafiquants et d'enfants échappés de leurs écoles. Contrairement à la place Jamaâ El Fna de Marrakech, il n'y a pas ici le moindre étranger, le moindre touriste.

Si Ahmed le moustique, sous couvert de contes et légendes, d'historiettes plaisantes et parfois ironiques, soutenus de mimiques et de chants, le tout d'apparence anodine, propage des slogans politiques, seul, n'ayant que son corps comme outil de travail, il joue plusieurs personnages à la fois, tirés des Mille et Une nuits évidemment mais aussi de l'épopée de Abu Zaïd El Hilali et du poète nègre, l'intrépide guerrier dont les exploits font blanchir les cheveux des enfants : Antar.

Le combat leur fit toucher leurs genoux
Antar saisit alors l'ennemi par le cou
Le serra violemment
Puis l'arracha de sa selle
Soumis comme un oiseau
Dans la main du chasseur

Si Ahmed le moustique invite son auditoire fasciné à une traversée culturelle, à un voyage empli du passé, du présent, du futur, du souffle et de la chair, d'odeurs et de couleurs, de quoi fermer bien des blessures et affronter le problème des rencontres actives à travers la complexité des ruptures et des différences.

Le public de Si Ahmed est composé de gens modestes, parfois misérable. Rares sont ceux qui lui versent une petite obole. Il lui arrive de travailler plusieurs heures gratuitement, fabor.

Si l'on admet que le thé et le café sont les boissons les plus propres à exciter, sans les troubler, les fonctions du cerveau, on ne sera pas étonné de voir les établissements où l'on boit café et thé devenir les lieux de rencontre dans lesquelles s'agitent les questions relatives aux choses de l'esprit.

On y consomme aussi des excitants qui vont précisément favoriser l'agitation intellectuelle. Cénacles, écoles, groupes se créent ainsi.

On papote, on palabre, on se congratule autour d'autres boissons que le café et le thé.

Des boissons fortes sont consommées à des heures où se reposent les honnêtes gens. Ici, il n'est pas question de rentabilité ou même d'utilité, mais seulement de plaisir et de bien-être.

Le café dont je parle est adossé aux remparts où ruissellent les ombres et où pèse le temps. Je n'ai jamais vu ce lieu et pourtant je m'en souviens.

Il ne reste de cet endroit, jadis prestigieux, qu'une pâle copie.

Le mobilier est certes le même, mais tellement usé, tellement ratatiné qu'on le reconnaît à peine.

Il y avait jadis, accrochées aux murs quelques belles copies de peintres orientalistes " Les Comédiens Marocains ", d'Eugène Delacroix, " les Moukheïres ", de Antonio Gonzalès, " l'Alezan ", de Serge Adda, un peintre de l'école de Tunis, " La Noce Juive ", du même peintre et aussi un tableau représentant Bab Mansour de Meknès, il ne reste plus qu'une " Marine " poussiéreuse qu'un peintre italien offrit au barman Madraba, champion de plongeon et de plongée.

Il allait chercher au fond de la rade les pièces de vingt francs qu'on y jetait.

Il faut dire que Madraba, dont la prudence est la qualité première, prenait soin de dissimuler une autre pièce dans sa bouche.

J'ai retrouvé beaucoup de visages presque oubliés.

Ils sont là sur la terrasse comme des pachas qui se prélassent, des marins, des bazaristes, des sportifs et aussi le docteur Puter-flam, (était-ce un nom d'emprunt ?). Ce médecin travaille à Meskala dans les environs de Mogador.

— Alors docteur, comment va la médecine dans le milieu rural ? demanda Si El Wafi.

— Formidable ! Formidable ! dit-il en riant, paysan marocain jamais besoin médicament, quand paysan marocain a besoin médicament paysan marocain déjà mort !

L'élégant Si El Wafi évoqua pour nous l'histoire de ce café-bar, jadis tenu par madame Izza Belle, Babette, pour les intimes, qui était une artiste en pâtisserie.

Chacun des gâteaux était une véritable œuvre d'art. Elle créa la Scala avec ses remparts en chocolat, ses canons dressés en sucre candi et la tête d'un légionnaire qu'elle a connu intimement.

Il y avait aussi une théière en vacherin ainsi qu'un minaret en pâte d'amande et une Tour-Eiffel.

Ces gâteaux avaient tous un goût ancien.

Madame Babette saupoudrait ses gâteaux de quelques minuscules grains importés de Mongolie qu'elle cachait au fond d'un tiroir secret.

Dans ce café, haut lieu de discussion, verbe haut, emphase à la bouche, avec ce sens entendu que quand on est Mogadorien, on en est fier, le port et le sport sont les sujets majeurs des beaux parleurs ; les moqueries sont en général du mauvais côté de l'intelligence, l'humour ici est virevoltant et réussit le tour de force de rendre l'exagération gracile, jouant souvent avec finesse sur les conventions.

Les rencontres sportives constituaient l'essentiel des conversations du lundi matin. Si les Mogadoriens ont toujours été d'excellents basketteurs, leur renommée en matière footbalistique, par contre, avait un rayonnement confidentiel.

— Nous avons été battus, mais nous avons fourni un plus beau jeu que les Safiots, affirme Si Driss le pâtissier.

— Sans ce penalty injustement accordé par l'arbitre, lui répondit Si El Wafi qui, comme tout le monde le sait, est originaire de Safi…

— Et le penalty qu'il nous refusa ? cria Madraba

— Le match pouvait basculer, répondit Si El Wafi.

— Nous sommes le vainqueur moral, dit en riant le goal de l'équipe, Abdellah.

— Même si la météo ne nous a pas avantagés, même si la cheville de Abdou a lâché, notre stratégie était bonne, mais nous n'avons pas choisi la bonne voie ! conclut Madraba.

— Souvenez-vous du perroquet de Si Tijani qui s'envola de sa cage le mois dernier, eh bien on l'a retrouvé à Tanger dans un marécage ; les gens l'on reconnu à son inimitable accent Souiri ! Il l'ont ramené à Mogador, du marécage à la cage.

Dans ce café, on entend plus de mots qui disent les défauts que ceux qui expriment des qualités. Il est vrai que l'homme est plus attentif quand il s'agit de déprécier son prochain.

— Dire du mal donne de l'inspiration – mensonges et racontars et mauvaise foi ne constituent-ils pas l'origine de la littérature ?

Le jeu favori auquel se livrent nos amis ce soir s'appelle la délation… Dire du mal de son prochain – comme ça – fabor.

Il y a quelques années, la rumeur, comme une traînée de poudre, traversa Mogador en quelques minutes, de Bab Doukkala au port, de Bab Marrakech à Chbanat.

Oh ! Il ne s'agissait nullement d'une affaire grave, aucune autorité n'était en cause, aucun bijoutier n'avait été cambriolé.

Celui qui avait raconté cette anecdote assurait en toute bonne foi la tenir de quelqu'un qui connaissait personnellement la victime de la mésaventure que voici :

Souffrant le lendemain d'un déjeuner au restaurant " Au rendez-vous des lapins ", un patient se rend chez le docteur Ponté qui lui retira de la mâchoire un curieux petit bout d'os et l'expédia pour examen à un laboratoire de Marrakech.

Il s'agissait d'un fragment d'os de chat.

La police perquisitionna au restaurant incriminé.

On découvrit dans la cuisine une douzaine de chats dans le réfrigérateur et, au fond de la cave, un élevage de matous.

Les autorités ont eu toutes les peines du monde pour combattre ce qui s'apparentait à une hystérie collective.

Tout ce que souhaitait l'ex-caïd Brick était d'avoir une mule noire, une maison avec un riad, porter du linge fin et blanc – plusieurs paires de babouches roses et bleues – un petit tapis de feutre rouge sous le bras, marcher gravement dans la rue et s'asseoir chez le barbier pour y papoter des heures entières.

Le caïd Brick, atteint par la limite d'âge, est maintenant à la retraite. Depuis qu'il n'exerçait plus le pouvoir, il s'ennuyait, jusqu'au jour où il eût l'idée d'aménager un petit local, ayant pignon sur rue, à Souk Waqa.

Il y installa quatre grandes jarres de différentes couleurs : jaune, rouge, verte et bleue.

Quatre jarres pleines d'eau fraîche. Pour y puiser eau fraîche et en boire, il faut remplir une condition : lire sans difficulté le grand tableau calligraphique accroché au mur de l'échoppe où il est écrit une courte prière.

" Dieu du ciel et de la terre
Extirpe le démon Iblis le lapidé
De mes entrailles
Dieu des mers et des vents
Extirpe la fumée noire de mon cœur ".

Le caïd Brick trône au milieu de ses jarres un éventail en doume à la main et attend les lettrés assoiffés.

Les analphabètes sont automatiquement privés d'eau.

— Rabroués les illettrés ! ricanait l'ex-caïd.

Une dame d'un certain âge s'arrêta, lut la pancarte et s'adressa en arabe classique au caïd :

— C'est une bien jolie prière, dit la vieille dame.

— De la prière jaillit le remède, répondit pompeusement l'ex-caïd.

— Ma langue est bien sèche, puis-je m'altérer ?

— Faites noble femme !

La dame souleva le couvercle de la jarre bleue pour y plonger un grand gobelet.

— Non, ne prenez pas de cette jarre bleue, servez-vous plutôt de la rouge.

La vieille dame s'exécuta à la grande satisfaction du caïd.

— Quel bonheur, se dit-il, de toujours exercer le pouvoir sur les gens ! Quel bonheur de se sentir obéi comme au bon vieux temps !

Un vieil homme tenant dans sa main un gros chapelet, que l'hypocrisie a fabriqué, s'avança pour boire à son tour.

Caïd Brick s'éventa avec volupté en intimant l'ordre au vieillard de boire de la jarre jaune et non de la verte et lui dit :

Un homme de votre âge frappe à la porte d'une demeure et demande de l'eau pour son ablution. On lui apporte un galet lisse pour se purifier (tayamum).

— L'eau est rare, nous sommes en période de sécheresse, lui dit-on :

Il prit son bâton de pèlerin et frappa trois fois le sol et l'eau jaillit au grand étonnement de tous les gens évoquant les couleurs pour chasser les esprits malfaisants contre satan le lapidé. Il faut invoquer le bleu de Sidi Moussa, le rouge de Sid El Bouhali et le vert de Sidi Hoummane contre les jins malfaisants, il faut invoquer le noir de Sidi Bou Richa et le jaune de Lalla Mira, la Jenia qui donne le fou-rire.

Un fou rire sans raison – un fou-rire fabor.

Si je parle d'Essaouira, c'est parce que les mots ont encore besoin de ma voix.
Si je parle de la mer, c'est pour les poissons de métal.
Si je parle du vent, c'est pour la couleur permanente du silence.
Si je parle des ailes qui sifflent la nuit, c'est pour chanter la liberté ordonnée.
Si je parle du saint solitaire, c'est pour chauffer les légendes en thuya.
Si je parle des muezzins aux voix fêlées, c'est pour entrouvrir les molles arcanes.
Si je parle des tapis de cendre, c'est pour les lots de brisure.
Si je parle des solitudes qui mangent la pierre marine, c'est pour les vagabonds sans gîte, sans feu.
Si je parle des oiseaux tragiques, c'est pour le désarroi de vivre.
Si je parle de Mogador, c'est pour me souvenir.
Je me souviens de la cité atlassique.
Mogador était son nom.
Mogador, un mystère qui crève les yeux.
Mogador, voix brûlantes de toutes les nostalgies.
Mogador, capitale du fugitif essentiel.
Je me souviens de cette eau, venue perle par perle.

Remplissant les crevasses des pics escarpés.
Je me souviens des détours des oueds où elle fut assaillie
Et des vents brûlants de tous les côtés.
Je me souviens…
Sont venus des hommes et des femmes fleuris.
Ils sont venus pour changer le monde.
Pour construire des rues en pente douce.
Je me souviens…
C'était à Diabate Les Ponts-brisés. Diabate refuge des gauchistes mangeurs d'écrevisses.

Ils sont venus d'Europe et de la lointaine Amérique. Enfants de la Boat-Génération, marginaux paumés et souvent obtus.

Je me souviens de leurs silhouettes traînantes sur le sable humide de Taghart.

Ils étaient faibles dans leurs désirs, impuissants vis-à-vis de leurs destinées – et comme unique bagage, ils portaient leur fatigue de la tradition et leur lourdeur de l'hérédité :

Ils fumaient des herbes douces et cela leur suffisait pour se sentir vivre.

Mais Mogador est jalouse – surtout quand elle sent qu'elle n'est pas aimée.

Elle se replie dans son silence – le plus cruel des mensonges. Et elle rejette les intrus.

Son désir de plaire est né avant son besoin d'aimer.

Mogador, longtemps endormie dans ses draps de sable, a la grâce nonchalante des filles qui lavent leurs bijoux dans l'eau.

Mogador est maintenant étendue. Ile flottante dont le souffle se confond avec les bruits de l'océan.

Elle flotte mais refuse d'être engloutie.

Comment alors, ne pas croire à sa permanence ?

La mer majestueuse, témoin unique des fureurs d'Othello, le Maure de Venise, venu crier sa douleur dans le splendide délabrement des murs de la Sqala.

Desdémone (autre nom de Mogador) est malmenée par les vents contraires, elle rugit face au perfide Yago qui se débat dans les vents géants et moqueurs.

Pendant ce temps-là, Shakespeare tient en laisse l'océan infatigable.

Parti de son château d'Elseneur, le spectre de Hamlet erre au bord de toutes les mers – poursuivi par le chant funeste du coq.

Il surgit soudain de derrière les nuages pour déposer

Une humble offrande sur le pas de la porte de Sidi Magdoul.

Ô Saint Patron – sur toi fraîcheur et paix – Il est inutile de dormir

Puisque le rêve circule dans les rues !

Tes fantômes, ô Mogador, surgissent et pleurent. On les entend par les jours pluvieux

Quand la pluie trace ses fils de soie.

Et la nuit donne à celui qui dort le rêve qu'il a mérité.

La nuit s'évapore.

Déjà l'aurore.

Les chandelles pâlissent. Les lumières éclairent les bâtisses et les rues s'emplissent.

Je descendais les rues, je me remémorais mon enfance, mes amis me faisaient aller à la nostalgie et à une mélancolie commémorative.

C'était l'époque où des millions de jeunes et de moins jeunes à travers le monde, avaient tout abandonné pour devenir hippies, enfants paumés et heureux de l'être.

Ils plantaient des fleurs dans leurs cheveux, se maquillaient et se décoraient le visage de mille couleurs.

Ils erraient, traînant leurs cheveux longs, leurs jeans délavés, leurs colliers de cuir ou de métal, leurs regards à secrets.

La plupart des filles portaient des vêtements bariolés et excentriques, les garçons, la plupart barbus, offraient leur torse nus au soleil.

— Je suis celui qui passe !

Phrase mille fois répétée pour savourer l'instant qui s'écoule.

Les hippies méprisaient l'argent qu'ils quémandaient et saluaient en celui auquel ils s'adressaient un frère en puissance.

Ils se contentaient de l'ignorer, ils ne se révoltaient pas contre la Société, ils s'étaient expatriés.

Fais ce que tu crois devoir faire sans te préoccuper de ce que les autres pensent et font. La Société apprendra à nous aimer quand les autres verront que nos œuvres d'art sont plus belles, que notre façon de vivre est plus noble et nous rend plus heureux.

En vérité, le mouvement hippie attaque la société traditionnelle à son point le plus vulnérable : son manque d'âme ; il faut aimer.

Aimer l'ennemi comme l'ami.

Il faut s'aimer entre garçon et fille jusque et y compris la promiscuité sexuelle.

Communiquer par la parole, le geste et la caresse.

Bouddha n'appartenait-il pas à une famille aisée ? N'a-t-il pas lui aussi laissé tomber le confort et l'aisance ?

Saint François d'Assise, le fils d'un riche marchand italien, n'a-t-il pas également renoncé aux biens matériels ?

Il aimait les fleurs et les oiseaux et tendait l'oreille à l'écoute de la nature.

— Qu'as-tu fait de ta sœur l'araignée ? disait-il.

Les hippies rêvaient de vivre en communauté, partageant tout : aliments, boissons, habits et femmes.

Bien sûr, cela ne pouvait durer. Plusieurs familles communautaires se sont défaites au moment où quelqu'un cria :

— Qui a mangé le yaourt ?

Ce mouvement avait pourtant des côtés bien sympathiques.

Le refus des règles et des conventions, les notions courantes de réussite et d'échec.

Ils étaient contre la bombe, contre la guerre.

Ils protestaient et manifestaient.

Parmi ces marginaux un peu grotesques, il y avait des musiciens et aussi des comédiens américains du Liwing-Théâtre, des peintres italiens, des sculpteurs danois.

Ils avaient choisi Mogador pour le ciel, le soleil et la mer, comme dit la chanson.

— La drogue – le L.S.D.- nous ouvre, disaient-ils, les portes d'un monde spirituel.

Ils ont choisi le petit village de Diabate pour échapper aux obligations et aux ennuis et pour y mener une vie de bohème.

Ailleurs, ils étaient rejetés, on les montrait du doigt, on s'interrogeait sur les raisons de leur attitude.

On raconte encore à Mogador que parmi ces énergumènes il y avait l'épouse d'un Premier ministre canadien, elle portait, paraît-il, une simple robe sac.

— Vous vous croyez pauvre, mais vous êtes simplement bohémienne, lui dit la petite fille qui volait des boîtes d'allumettes.

Les communautés hippies sont généralement des organisations peu stables qui ne peuvent pas, ne pas se "casser la gueule".

La communauté euro-américaine qui s'est installée à Diabate tournait autour d'une femme riche. On dit même qu'elle est fille unique d'un richissime hollandais.

Elle répondait au nom de Lydie, mais on l'appelait "la vache à lait".

— Qui veut coucher avec moi ? dit Anna la Grecque.

Mais qui oserait l'approcher quand on pense à son ami attitré, un colosse nommé Chéri-bibi.

Anna est une provocatrice, elle raconte des salades sur tout le monde, elle se gausse sur la virilité de Chéri-bibi.

— Connasse, poufiasse, dégueulasse. T'es une salope, lui lança Chéri-bibi et il lui envoya un coup de santiags dans le sexe.

Anna faisait partie de ces victimes à perpétuité dont on se demandait parfois si elles ne sont pas quelque peu complices du sort qui leur était fait.

Tous les membres de la communauté se prétendaient militants d'une noble cause que personne ne connaissait.

Ils cassèrent leurs transistors sous prétexte que c'étaient des objets de la société de consommation.

Une fois, Lydie a laissé un chèque de plusieurs centaines de dollars à un membre de la communauté qui en avait grand besoin.

— Vous lui remettrez le chèque, dit-elle à Chéri-bibi, quand il arrivera.

On n'a plus revu Chéri-bibi à Diabate.

Qui aurait prédit que ces jeunes échevelés deviendraient, quelques années plus tard, qui directeur de banque, qui Pdg d'entreprise, qui ministre ou ambassadeur ?

On les appela plus tard : les soixant'huitards.

En vérité, chaque membre de ce groupe hétéroclite jouait un rôle.

Ils palabraient jusqu'à cinq heures du matin et ne quittaient jamais le lit avant cinq heures de l'après-midi.

Ils disaient qu'ils refusaient de se prostituer dans le travail.

Ils passaient leur temps à se prélasser dans l'attente de la manne de Tata Lydie, laquelle vit maintenant en Suisse. Et pour vivre en Suisse il faut être riche – parce que là-bas rien n'est fabor.

Si Tijani évoque encore une fois son sujet favori : l'incarnation, notamment lorsque les mystiques soufis affirment l'identité profonde de l'être avec Dieu.

Ô secret de mon secret, tu es si terne que tu demeures caché à l'imagination de tout vivant manifesté ou caché tu te révèles dans toute chose à toute chose

De sorte que, si je m'excuse devant toi, C'est ignorance
Enormité de doute, exagération de verbiage
Ô réunion de tout, tu n'es pas outré que moi
Et mon excuse ne s'adresse qu'à moi-même.

Ce jour-là, la veille du mawlid – l'anniversaire du dernier des prophètes, l'auditoire semble fasciné par les notions de purification (Taçfiya – Taçaouf) des vertus nobles (Makarim al Akhlaq) de l'état de chasteté (Iffa) de la retraite pieuse (khalwa).

Il cita comme modèle : Rabiaâ Adaouia et Nidham bent Rostom d'Ispahan : la Béatrice de l'Islam – et aussi Fatima Azahra (Fatima la lumineuse).

Le muezzin appela les fidèles à la prière du Asr – parmi ceux qui s'adressaient dans leurs génuflexions à Dieu se trouvait le benjamin des enfants de Si Tijani, âgé à peine de cinq ans ; ce fut pour ce rejeton au regard angélique la première prière en public dans la Zaouia Tijania à moitié pleine de croyants. A la deuxième prosternation, un gros bonhomme dégoulinant de sueur libéra un pet retentissant.

— Allons mon enfant, un peu de continence, dit l'homme ruisselant à l'enfant innocent.

Celui-ci, sans se départir de son calme, lui répondit tout de go :

— C'est toi qui as pété – si c'était moi, j'aurais eu le derrière déchiqueté.

L'assistance éclata bruyamment de rire – Si Tijani, l'imam lui-même ne se priva pas de ricaner.

Il fallait reprendre la prière du début sans le gros bonhomme qui a laissé échapper les vents.

Si Tijani, malgré son sérieux, n'a jamais cru que la gravité est une qualité et que l'humour est recommandé par les plus éminents docteurs de la loi. De l'humour, Si Tijani en avait à revendre. Dès qu'il sentait une trop grande émotion s'emparer de son assistance, il concluait, avec un doux sourire aux lèvres :

— Tout cela est dérisoire, Dieu n'a-t-il pas dit, la vie en ce moment n'est qu'un sport et un passe-temps ? Puisque tout finit par la mort, la mort pour le riche pour le pauvre, la mort, c'est fabor.

Si je l'ai connu le père Isota ?

Je pense bien ! Il est arrivé juste après la guerre.

Tout de suite, il s'est tout de suite intéressé aux vents contraires de Mogador.

Il encouragea quelques jeunes chômeurs à fabriquer des cerfs-volants, les siwanas.

Il a bien fait travailler trois personnes pour quelques maigres commandes.

Les chiens sont peu nombreux, l'offre, hélas, est plus importante que la demande.

Un des jeunes siwanistes s'est installé à son compte à Tanger.

L'autre renonça définitivement à ce métier, sous prétexte que les siwanistes regardent trop le ciel, donc le soleil.

Il ne supportait plus la lumière trop vive.

Bientôt il ne resta plus à Mogador qu'un seul artisan de cerfs-volants, trop bête pour savoir faire autre chose.

Il faut fermer boutique, lui a dit le père Isota, le cerf-volant a fait son temps et puis il faut l'avouer, le produit japonais est plus beau et moins cher.

Mogador ne peut concurrencer Tokyo.

Le cerf-volant est une vocation et une évocation rare.

Il ne reste plus de cette époque qu'une vieille carte postale, une carte rarissime et qui fait partie de la belle et unique collection de Si Boufous.

Le père Isota, et curé de Mogador, était originaire de Suisse. Il espérait hériter d'une paroisse pauvre pour pouvoir soulager la misère des gens. Hélas, les Nasranis de Mogador constituaient une communauté où les ouailles se confessaient.

— Mon père, je viens à confesse, lui chuchota le capitaine Thomas, chef de bureau arabe, j'ai commis un léger, un très léger péché. Hier, avant d'accomplir avec mon épouse le devoir conjugal, j'ai pensé à Marlène Dietrich.

— Je comprends ! Ça aide, dit le père Isota.

Le père Isota était très large d'esprit, rigolo par moment. Il avait l'habitude de dire : quand on est comme moi dans les ordres, ça fait désordre.

Isota aimait la bonne chère, le bon vin et les histoires pornos.

— Il vaut mieux croire au vin d'ici qu'à l'eau delà, disait-il en s'esclaffant.

Un dimanche matin, sa petite Eglise était pour une fois archi-comble, le père Isota a frôlé le scandale au moment où il commença son prêche.

— A bats le Christ ! cria-t-il, à bats le Christ !

— Ma parole, il est encore sâoul, chuchota quelqu'un dans l'assistance.

— A bats le Christ ! C'est ce que disent, mes frères, les ennemis de notre mère l'Eglise ! !.

" L'Eglise de ma jeunesse
L'Eglise au banc badigeon
Où jadis, petit clergeron
J'ai servi la messe ".

L'une des histoires préférées du père Isota est celle du petit vieillard à qui on demanda de raconter sa journée.

— A huit heures du matin, je fais pipi, à neuf heures, je fais casa et à dix heures je me réveille !

— De quoi parlez-vous curé ?

— Du péché.

— Qu'en dites-vous ?

— Je suis contre, bien entendu.

Un crieur public s'arrêta devant l'église du Père Isota pour inviter les indigènes à se présenter au Bureau d'hygiène pour la vaccination obligatoire contre la gale.

Monsieur Lamouchi prenait un malin plaisir à faire souffrir ses élèves de l'école musulmane.

Le sujet du jour qu'il développa concernait la maladie, maintenant très répandue à Mogador ; la gale.

— La gale, dit l'instituteur du haut de son estrade, est une affection contagieuse. Elle se transmet par contact physique après une période d'incubation, d'abord par un prurit.

Les élèves qui savaient à peine lire et écrire avaient les yeux arrondis par la surprise.

— Monsieur, Monsieur que veut dire prurit ? dit l'un

— Et l'incubation ? dit l'autre.

— Monsieur, je n'ai pas compris affection.

— Et contagieuse ? cria celui du fond de la classe.

Monsieur Lamouchi est visiblement exaspéré.

— Bande d'ânes, vous allez recopier cent fois cette dictée. Vous ne sortirez pas d'ici sans me remettre vos copies. Ecrivez le titre : la gale, deux points ou jerba, Tadlaoui !

— Oui Monsieur,

— Surveille-les ! Ils méritent ce pensum que je leur inflige.

Tadlaoui était l'élève préféré de Monsieur Lamouchi ; ce dernier occupa un banc au fond de la classe, croisa les bras sur la table tachetée d'encre violette et s'endormit.

Tadlaoui s'acquitta tant bien que mal de sa tâche. Deux heures plus tard, l'infirmière de l'école, Mademoiselle Foucrasse, la naine, fit irruption dans la classe.

— Je vous prie de m'excuser, bredouille Monsieur Lamouchi, j'ai une migraine.

— Passez à l'infirmerie, je vous soignerai.

— Vous êtes bien bonne Mademoiselle Foucrasse. Qu'y a-t-il à votre service ?

— Que les élèves me suivent, à la douche d'abord, puis au badigeonnage ensuite.

— Quel badigeonnage ? dirent quelques élèves en tressaillant.

— C'est une lotion qui doit être appliquée localement. C'est une friction à base de benzoate de benzile.

— ? ? ! ! ?

— Suivez-moi, vous avez tous la gale, on va vous soigner gratuitement, fabor.

Dans un de ces lieux en plein air, sous des arbres diaprés et mystérieux, sirotant la mahia, cette mixture aigre-douce qui, de voyage en voyage, laissait glisser la nostalgie, les conservations allaient bon train passant d'une chose à l'autre, afin de témoigner simplement l'amitié, la bienveillance et l'entente, mémorables et inoubliables joutes oratoires entre le curé Isota et le Rabbin David Ben Bareuk.

— Chez nous, dit le Rabbin, il y a des hommes qui s'appellent eux-mêmes juifs et des hommes que les autres appellent juifs. Ce sont souvent les mêmes, mais pas toujours.

— Je ne comprends pas bien, répond le curé.

— Ici c'est une injure, et là, un compliment.

— Quelle est, selon vous, Rabbin, ce qui distingue le juif du non juif ?

— Le juif se distingue des autres hommes, car s'il ne se distinguait pas, il n'y en aurait plus.

— C'est donc une race à part, coupa le père Isota.

— Je n'ai pas dit cela, protesta le Rabin.

— Savez-vous, Rabbin, ce que disait Tacite ? Il n'y a à l'intérieur de vos temples comme à l'intérieur des mosquées, aucune image des dieux. La place est vide et le secret des sanctuaires c'est : rien.

— Je sais, répond avec un sourire aux lèvres Rabbin David, Tacite aurait aimé qu'on adorât un Dieu à tête d'âne. Tous les accommodements eussent été possibles.

— C'est vrai. Il ne s'agissait pas de religion différente, mais d'une différence dans la religion même.

— Maintenant que la chrétienté est laïcisée en nations monolithiques, il ne reste au juif que le-à part. Ecoutez, Monsieur Isota, ce que raconte un certain Bensimhon de Sefrou.

Dans une petite bourgade, à quoi pouvait donc rêver une mère juive ? Que son fils serait un jour chef d'état-major ? Pilote ? Ministre ? Non, c'était hors de portée ! Le rêve le plus réaliste était que son fils devienne un jour le Messie.

La mère la plus pauvre, dans le village le plus reculé du Maroc, se sentait appelée à être la mère du Messie. L'enfant le plus humble était candidat à la fonction messianique. Dans des familles de six, dix et douze enfants, il y avait douze chances. Promiscuité ? Misère ? Douze candidats à la fonction messianique.

Elle croit en son fils, même si on exige de lui qu'il prouve sa vocation en s'envolant. Elle croit en lui au point de le pousser à déployer ses ailes et, par la force de sa foi, il prendra son envol et s'écrasera. Alors, le deuxième s'envolera. Elle croit en lui. C'est son métier que de croire. Elle est la mère du Messie ! Elle sera la mère du Messie !

Voir cette femme, cette mère de douze enfants, peiner pour préparer le Shabbat, lavant, savonnant, cuisinant, repassant, assise à même le sol, indifférente au vacarme qui l'entoure, préparant le couscous à gestes larges qui dessinent l'espace, comme si elle disposait de l'éternité ; constater comment elle transforme la physionomie de la maison, de la rue, du village, de l'univers tout entier, c'est voir la mère du Messie.

Le Messie ne se trouve qu'au milieu des rêveurs, des croyants, des somnambules, des poètes, des prophètes et des hommes-oiseaux.

Le Messie se trouve partout où règne la foi, la poésie, la rédemption, le chant liturgique, la joie, la royauté, l'amour de Dieu et de l'homme.

Le père Isota écouta poliment le discours un peu prêchi-prêcha du Rabin.

— Moi, j'aime l'humour juif. Faites-moi rire Rabin.

— Je vais vous conter, Monsieur Isota, une anecdote : Si tu continues à te montrer inamical, disait un seigneur polonais, et à battre mon juif, eh bien je me vengerais et je battrais ton juif à toi.

— Vous êtes impayable ! On m'a dit, Rabbin que vous projetiez de vous établir en Israël.

— Jamais de la vie, grogna le Rabbin, je ne suis pas riche pour cela, parce que pour faire une petite fortune en Israël, il faut avoir une grosse fortune.

David sortit de sa poche un mouchoir à carreaux rouges et blancs et une petite tabatière d'argent en forme de poire.

Il étala sur le dos de sa main un peu de tabac qu'il prisa et s'adressa au Père Isota en libérant un tonitruant éternuement.

— En hébreu, le verbe chercher a la même racine que le mot liberté, mais aussi la même racine que le verbe déguiser. Sur ce, je vous quitte curé, je vais bénir ceux qui ont toujours des tables dressées où les enfants des morts d'ici reviennent pour prendre place et célébrer la Hiloula ! Les juifs de Mogador ont pour eux le cœur et la mémoire.

— Ce sont là, répondit le Père Isota, de subtiles interprétations mystico-cabalistiques qui m'échappent.

— Vous avez raison curé. On peut rire de tout mais pas avec n'importe qui ! Rire sans arrière-pensée, comme ça, fabor.

Qui connaît l'itinéraire des cigognes de Sidi Magdoul, haut perchées sur leurs nids ronds et qui, en attendant de repartir, semblaient toujours regarder la mer ?

Personne à Mogador n'a pu me dire où s'était envolée Farija.

Reniée par les siens en raison de ses mœurs dissolues, elle se serait exilée dans les montagnes de l'Atlas avec un vieux serviteur à barbe teintée de henné.

D'autres personnes affirment qu'elle vit à Taza dans une intimité sans partage, avec un adjudant des Goums.

Comment peut-elle vivre avec un Goumier alors que son poème préféré est justement le chant de Mririda "le mauvais amant ".

" ...Va-t-en goumier, sans bon sens ni politesse !
Tu peux te montrer plein de mépris,
La main levée, l'injure à la bouche,
A présent que tu as tout reçu de moi.
Et tu pars en me traitant de chienne !
Rassasié, tu veux me faire rougir de mon métier.
Et toi, avais-tu honte, dressé comme un taureau
Quand tu poussais doucement ma porte ?
Venais-tu donc chez moi pour jouer aux cartes ?
Tu te faisais humble et soumis, goumier,
Consentant d'avance à mes exigences.
Même à perdre toute la solde

Et plus tes yeux me parcouraient, lisant
Plus ton désir brutal te mettait à ma merci…

Mais non, dit un autre, Farija a tout simplement échoué au bordel de Bousbir, à Casablanca.

On dit que la misère et les souffrances physiques l'avaient dépravée.

Elle est devenue fumeuse, buveuse et brutale.

Elle raconte, maintenant, ce que d'autres taisent, ce que d'autres cachent.

Elle parle simplement de sa déchéance.

— Je ne suis plus qu'une épave, je suis moins belle, les yeux des hommes se détournent de moi. Ils m'ont tous lâchée, même Dieu m'a laissée au bord de la route. Pourtant, je crois en lui, je suis naïve. Pourquoi mon Dieu vous aidez tant de malheureux, tant d'étrangers et pas moi ?

Je sais pourquoi je meurs, je n'ai peut-être pas assez aimé.

Farija, jadis femme complète, belle parmi les belles, a maintenant la tête d'un chien qu'on quitte.

Elle sombra, elle aussi, dans les eaux noires de l'aliénation.

Etrange destin des femmes de Mogador ! Celles qui vivent leur vie, connaissent tôt ou tard, presque toutes, les divagations et les hallucinations de la folie.

Celui qui ne désarme jamais, Iblis le démon, sait choisir son heure pour les surprendre et leur chuchoter au creux de l'oreille : la folie est plus cruelle que la mort.

Un cauchemar, elle a rêvé. Elle a vu sa ville hier encore si jolie, si coquette, se transformer en une énorme plaie, une plaie laide et sèche, cicatrice béante pointée vers la mer. Le cœur de Mogador a disparu pierres et âmes. Trop tard pour regretter. Trop tôt pour oublier. Plus rien que ruines humaines et végétation folle.

La nuit suivante, un autre cauchemar : elle se réveilla curieusement angoissée, terrifiée même, brusquement lui revint en mémoire le rêve qui a hanté sa nuit.

Son chat s'est échappé, elle le suit, l'animal se faufile dans les rues étroites pour déboucher sur une place entièrement recouverte de marbre noir. L'animal s'arrête soudain près d'une tombe et se met à miauler à mort. Elle s'approche : cette tombe était la sienne !

Pour conjurer les attaques maléfiques des djinns et le mauvais œil des envieux, rien de mieux qu'un hjab écrit par un lettré auquel on remet une petite gratification. Un talisman non rétribué, dit l'adage, équivaut à une pierre qu'on suspend sur soi.

Lahjab bla yira
Bhal m'aâlleq hajra

La malheureuse Farija s'est enfermé dans une minuscule chambre ; elle n'est plus qu'une vieille femme qui se tient la tête et pleure doucement.

Farija est morte agenouillée devant un mulet qu'elle embrassait, sa dernière phrase fut :

— Mon Dieu, mon Dieu, pourquoi il m'arrive comme au cinéma ?

— Je ne comprends pas l'hébreu ! ma langue maternelle est l'arabe et rien ne vaut la langue avec laquelle on a appris à rire et à pleurer !

Ainsi parlait Messaouda au locataire de la chambre 17 de son petit hôtel " l'Atlantique ".

Ofer travaille pour le compte d'une agence juive, il est chargé du rapatriement des Ihoudis vers la Palestine.

— Comment puis-je abandonner Mogador alors que mes grands-parents sont enterrés ici ?

Mon père Yacoub, ma grand-mère Solica, ma mère Smiha, tous nés ici, tous enterrés ici.

Mon nom est Messaouda, ce qui veut dire la bienheureuse. Je ne suis heureuse qu'ici, à Mogador. Je suis la fille des vagues et des mouettes. Mon destin est ici, et le destin ne s'explique pas.

— Mais, lui dit Ofer, la Palestine c'est le pays des hommes nouveaux. C'est le pays de la première fois.

— Il n'y a que Tassort qui puisse me consoler de toutes les tristesses du cœur, dit Messaouda d'une voix douce. Il y a dix ans, mon fils Jaïss m'a emmené à Malaga, en Espagne.

— Ah ! Malaga, c'est la ville de Picasso, soupira Ofer.

— Picasso ? C'est certainement un voleur ! Tous les habitants de Malaga sont des voleurs. Le premier jour de notre arrivée dans cette maudite ville, on nous a délestés de toutes nos valises. Volées, envolées. Il ne nous restaient, mon fils et moi, que les habits que nous portions ! Nous sommes revenus très vite à Mogador. Quand je suis ailleurs, l'orage éclate dans mon cœur. Ah ! Je me souviendrai de Malaga et de… comment l'appelez-vous ?

— Picasso.

— Picasso, le voleur de valises.

Messaouda a légèrement menti à Ofer.

On ne lui connaissait ni parents ni enfants ; Messaouda l'Ihoudiya était un personnage hors du commun. Tout le monde l'aimait. Hajja Messaouda, comme on l'appelait, était d'une grande générosité. Son petit hôtel était habité par quelques retraités aux moyens limités. Dans la cour de son hôtel, un petit restaurant régulièrement fréquenté par les footballeurs, les pêcheurs qui épuraient leurs comptes et absorbaient des plats de lentilles accompagnés de gros rouge.

Messaouda avait toutes les qualités du monde. Elle offrait gîte et couvert aux plus démunis, aux clochards.

Elle invitait tous les samedis une soixantaine de personnes pour partager sa skhina. Messaouda n'avait qu'un défaut : elle oubliait de régler les factures de Solomon Azoulay, son fournisseur.

Pour compenser, elle allait au cinéma Scala pour y dormir tenant dans ses bras la jolie et frêle Flori Kakon éblouissante d'innocence.

Le jour où Messaouda rendit l'âme, il n'y eut pas un homme, ni une femme de Mogador pour cacher sa douleur ou au moins exprimer sa sympathie.

Un très impressionnant cortège mortuaire accompagna, sous une fine pluie bienfaisante, Hajja Messaouda la juive, à sa dernière demeure. Le cortège était conduit par le fidèle Boudad.

Messaouda, qui a peu voyagé, n'avait qu'un souhait : aller à Casablanca pour voir une dernière fois la statue équestre de son idole le maréchal Lyautey.

Elle fut très déçue.

Déçue de ne pas trouver l'imposante statue à sa place habituelle, mais à l'entrée du Consulat de France, entourée d'une imposante grille.

— Comment tu étais, comment tu es devenu ! cria-t-elle, je ne reconnais même plus ton visage. Tu as maigri, maréchal et tes joues sont creuses.

On raconte que le Père Foucauld resta quelques jours à Mogador, hôte choyé du propriétaire de l'hôtel Atlantique, partageant la table des convives de passage, en général de gais compagnons pleins d'entrain, toujours souriants.

— Demain, nous allons recevoir un groupe de touristes, dit le capitaine Thomas.

— Hâtez-vous de tout remettre en ordre dans la chambre du père Foucauld.

— Mais, mon capitaine, il n'y a rien à faire, il n'a touché à rien. Le lit n'est même pas défait. Pendant trois nuits il a dormi par terre, sur la dalle, dans son burnous.

— C'est assurément, un saint homme, clama le capitaine.

Mais pour les Marocains, le Père Foucauld n'est qu'un vulgaire espion qui venait du froid, sinon pourquoi se déguisait-il en Rabbin moscovite au nom de Joseph Aléman ? Le père Foucauld est un être trouble et troublant. C'est ce que Abbas El Basbas, qui l'a bien connu, a écrit dans ses mémoires : " Moi l'adjudant de l'armée française " (Edition Jugurtha – Brive la Gaillarde 1954).

Comme une traînée de poudre la nouvelle s'est propagée partout.

Les Américains ont débarqué à Casablanca, au port Lyautey et dans bien d'autres cités. A Mogador aussi.

Juchés sur leurs jeeps, de jeunes, très jeunes soldats américains jettent à la foule enthousiaste une curieuse friandise – jusqu'ici inconnue des

Marocains : le chewing-gum. Dans la foule, un peu à l'écart, la petite fille qui volait les boîtes d'allumettes, – Elle vit à Tangaro, près de Mogador. Son père confectionne de petits bonnets qu'on nomme taguias et sa mère est aveugle. La petite voleuse est peut-être kleptomane. Elle a besoin d'allumettes parce qu'il n'y a pas d'électricité chez elle.

La petite Warda, elle s'appelait Warda, proposait les taguias tricotées par son père aux touristes attablés au café de France. Elle baragouinait quelques mots de français et aussi d'espagnol.

C'est dans ce fameux café qu'elle fit la connaissance d'un soldat américain, curieusement appelé René Hafid, un Franco-Kabyle naturalisé américain qui portait sur lui un papier où il avait griffonné son nom de peur qu'il ne perde la notion de sa propre identité.

— Comment t'appelle-tu ? demanda René à la petite vendeuse de taguias

— Warda, je m'appelle Warda.

— Warda ? C'est joli.

— C'est le nom de la rose.

René l'Américain était beau comme un premier mai, et malgré son jeune âge, il a survécu à deux mariages. Il avait de surcroît une petite amie vietnamienne.

Il suffisait d'un incident pour qu'il soit confronté à ce qu'il ne voulait pas voir, ses vrais besoins, ses vrais désirs. C'est en somme un homme divorcé, seul, qui a gâché sa vie ; il n'a jamais oublié sa première femme qu'il aimera trop tard – juste un moment – une vraie désolation, et la vie continue.

Warda, elle, ne fut pas un enfant désiré, tout juste une bouche de plus à nourrir. Elle vivait tant bien que mal entre sa mère aveugle et son père triste comme un jour sans musique qui n'arrête pas de pester.

— Ikhane ! criait-il à longueur de journée. Ikhane ! Il n'avait que ce mot à la bouche.

Attablée au café de France, Warda enleva doucement les lunettes de René.

— Ah ! dit-elle, des yeux bleus ! !

— Et toi tu as des yeux noirs comme vos olives.

— Noirs comme tizbibinte.

— Tu vois nous sommes faits l'un pour l'autre dit René en riant.

Warda ne comprend visiblement pas ce que lui dit René.

— Tu vois Warda, une vie c'est une histoire personnelle chargée de passions d'émotions, d'événements, de moments d'intensité, de lassitude, de petits et grands combats, de participation et de solitude.

Warda s'éloigna sans rien dire, mais dans son for intérieur elle se disait :

— Il est fou cet Américain.

Quelques jours plus tard, les soldats américains quittèrent Essaouira sauf René Hafid qui épousa Warda– après avoir embrassé l'Islam et subi l'ablation rituelle pratiquée sur les enfants musulmans.

— Ikhane, cria le père de Warda à l'adresse de René qui, ne comprenant pas, prit cela pour un compliment.

— Merci Sidi.

— Ikhane, insista le père.

— Oui Ikhane, merci, Ikhane.

René adopta une nouvelle identité musulmane, Faraji, et il s'installa avec sa nouvelle et jeune épouse dans une maison ancienne de Tangaro.

Parmi les nombreux cadeaux de mariage, Warda reçut des mains de son mari une douzaine de briquets Zippo.

— Tu n'auras plus besoin de voler des boîtes d'allumettes !

Il prit l'habitude de marcher sans chaussures dans les bois de légende où chaque arbre est unique. Il adore chercher des champignons dont il identifie les espèces rien qu'à l'odeur – C'est d'ailleurs à l'odeur qu'il s'oriente dans le monde familier, jusqu'au jour où, attablé à la terrasse de la petite auberge, une étrange odeur d'une huile qu'il ne connaissait pas vint lui chatouiller les narines, l'odeur arganique d'une huile rare, Cette huile nommée argania spinosa – l'arbre aux épines – un des plus anciens arbres du monde, un survivant de l'ère tertiaire.

Les mouettes consolent même l'hiver.

Paresseuse, endormie sur les rivages comme un lézard blanc aux yeux bleus, une jeune mouette quitta les siens et vint se poser délicatement sur le toit du club.

Le club Mogador, à l'instar des clubs anglais, est le lieu de rencontre de l'élite Mogadorienne, riches commerçants, bourgeois, intellectuels et aristocrates, le tout Mogador se détend à l'heure de l'apéritif.

Le fils du Pacha Jaddoub, celui du Cadi Rahim, Si Wafi le nationaliste, les Boudad, les Touf-el-Az sont les jeunes les plus élégants de la ville, leurs fines chemises sont blanches, repassées par Léa l'amidonneuse.

Monsieur Wasti, l'interprète, et monsieur Lamouchi, l'instituteur, lisent tranquillement la presse de la métropole.

Cette dernière évoque les soirées mondaines, les réceptions, avec amour et cynisme, sans emphase où les portraits du monde artistique et politique sont marqués d'amitié, de dédain et parfois de cruauté.

Pour tromper la solitude, Si Wasti avait décidé de passer une annonce dans le journal "la Vigie", afin de rencontrer l'âme sœur : Algérien, la quarantaine, fonctionnaire, cherche jeune fille sérieuse, travailleuse, fidèle – forte corpulence, cent deux kilos minimum, gros seins, poilue. Ecrire journal qui transmettra. Photo souhaitée. Femme tatouée s'abstenir.

Si Wasti préfère les femmes obèses. Pour être femme de qualité, il faut être femme de quantité.

On disait que l'instituteur monsieur Lamouchi, le tunisien, cultivait de noirs desseins, nourrissait les plus basses manœuvres. On le disait, affreux, pas beau, sans doute exagérait-on quand on l'accusait d'être le fossoyeur des valeurs musulmanes, l'âme damnée du grand Satan. D'aucuns voient en lui un fourbe, un perfide parfait. Rien ne lui avait été épargné.

— Moi, je suis un Arabe, nous affirmait-il fièrement. Un Arabe pur, un Arabe dur, un Arabe mûr, un Arabe sûr.

Nous l'appelions monsieur Purdurmûrsûr.

El Wasti, l'interprète algérien, qui le connaissait depuis longtemps, le décrit comme un homme qui a beaucoup lu, beaucoup vu, beaucoup su, beaucoup bu.

Monsieur Lamouchi, alias Monsieur Luvusubu.

Autour du billard à trois boules, deux équipes sont constituées ; d'une part Kakon et Andréas le Perpendiculaire, de l'autre Rossilo l'imprimeur (qui prétend être né dans un arbre) et Josso le chimiste.

Au fond de la principale salle du club, le capitaine Thomas bavarde à voix basse avec le commissaire Ferère qui s'ennuie à mourir à Mogador.

— Qu'est-ce que j'ai fait au bon Dieu pour hériter de ce bled où il ne se passe rien. Pas d'agressions, pas de violence, même pas le moindre meurtre. En un mois, une seule plainte : le père d'un gamin de sept ans heurté par un cycliste anonyme près de l'hôtel des Îles. Si je tiens le coup dans ce bled, c'est grâce au cassoulet.

— Tu en veux peut-être à ton concitoyen Cornut, d'avoir participé à construire Mogador, dit ironiquement le capitaine Thomas.

— Lui aussi s'ennuyait ici. C'est pour cela qu'il leur a filé les plans de Saint-Malo pour se barrer fissa.

On raconte qu'après le bombardement de Saint-Malo, cette ville a été reconstruite d'après les plans de Mogador.

— Le silence du Sud, dit Josso le chimiste, n'est pas comme en France la fin du Sud, dit Josso le chimiste, n'est pas comme en France la fin d'un murmure, il naît du silence et le silence aussitôt l'entoure et se referme sur lui.

— Je vois, dit ironiquement monsieur Lamouchi, si je comprends bien, le silence absorbe alors que le bruit, comme le sable, absorbe une caravane.

— Donc, le silence existait en dehors du bruit, ironisa Si El Wafi.

— On l'entend hors du bruit, s'esclaffa Si El Wasti

— Voilà pourquoi le silence était avant le bruit, conclut Josso le chimiste, heureux comme un imbécile.

— Couscous me voilà ! cria l'inénarrable monsieur Jean en poussant la porte extérieure du club.

— Ah ! s'exclama Si El Wafi, voici Jean le bout-en-train. Comment tu te sens aujourd'hui vieux forban ?

— Si vous ne vous sentez pas bien, faites-vous sentir par quelqu'un d'autre. Et toi, Si El Wafi as-tu commis un nouveau poème ?

— Je te le dédie, Jean.

Tu t'amuses
Cornemuse
Un chapeau
En repos
Des prières
En poussière.
La locomotive
Attentive.

Les sables
Agréables
Célèbrent
Les ténèbres
Dans le train
Souterrain
Eclate ce scandale
Sous la dalle.
Le Ghoule
Roule en cagoule
Un mal
De cheval
Le ronge
En songe
Dans les bois
Avec toi
A Mogador
Fabor.

— Pourquoi Mogador Fabor ? dit monsieur Lamouchi.

— A ce qu'il paraît, c'est une ville à vendre.

— Gratuitement ! Fabor.

— Alors, monsieur Jean, que pensez-vous de mon poème ?

— C'est beau, mais c'est pas Rimbaud.

Là dessus, El Wasti se leva et dit :

— Vous ne changerez jamais monsieur Jean, vous êtes indécrottable, insensible.

— Vous vous contentez de mettre n'importe quel mot à côté d'un autre.

— Justement, la poésie c'est quand deux mots se rencontrent pour la première fois, dit avec panache Si El Wafi.

— Je vais vous dire ce que je pense, rétroqua Si El Wasti :

" C'est une romance
Sans importance
Dite par un ennemi de
La France.
Qui mérite potence ".

— Moi je préfère, dit Lamouchi, La Fontaine, même s'il n'était pas affable.

— Lorsqu'on parle d'un grand poète, dit El Wasti, qui détestait Si El Wafi, on ne dit jamais monsieur. C'est pour cela qu'on dit : Monsieur Si El Wafi.

Au club de Mogador, une question ne cesse d'être agitée, celle de l'admission du premier membre autochtone. L'administration le souhaite. Son représentant local doit s'exécuter. Mais il affronte le racisme des autres membres – " des gens ternes, convenables, chérissant et fortifiant leur sottise ". Les plus arrogants les traitent de " nègres ", les plus timides les appellent " indigènes ", mais tous se retrouvent pour les mépriser, les exploiter et, au besoin, maintenir l'ordre au fouet ou au fusil. Ils sont cuisiniers, jardiniers, serviteurs ou paysans et, dans ce cas, se fondent dans le paysage. Si l'un d'entre eux s'élève jusqu'à devenir médecin, rien n'est plus urgent que de le rabaisser afin qu'il ne puisse se croire l'égal d'un Occidental. Seuls s'en sortent les fonctionnaires, à force de pots-de-vin, de lettres anonymes, de complots misérables.

De l'autre côté du billard, le dialogue entre le capitaine Thomas et le commissaire Farère tourne autour du maréchal Lyautey.

— Mon oncle Didier Madras comptait parmi les familiers du Maréchal. Il était l'un de ses secrétaires, dit le capitaine Thomas, il l'approchait surtout aux heures de détente.

Un jour, le maréchal Lyautey tomba malade.

Une foule de Marocains, ayant à leur tête les notables de la ville de Fès, se rangèrent sous les fenêtres de l'illustre malade et récitèrent "Allatif", la prière que l'on prononce devant la menace d'un danger, d'une calamité.

L'imam de la mosquée vint au chevet du malade, deux cierges de Moulay Idriss à la main, cierges qu'il plaça près du lit du Maréchal.

— Nous prions pour vous monsieur le Maréchal, vous guérirez car vous êtes protégé par le saint Moulay Idriss.

L'imam proposa à Lyautey de venir à la mosquée pour remercier Dieu d'avoir permis sa guérison.

— J'irai, dit le Maréchal, d'abord à mon église et ensuite, je vous le promets, à Moulay Idriss.

— Quel homme ! Quel homme ! dit le commissaire Ferère.

— Lorsque, tenant sa promesse, il arriva devant la mosquée, l'Imam lui demanda d'y pénétrer.

— J'ai toujours interdit aux Européens de pénétrer dans vos mosquées, ne faites pas violer la loi que j'ai moi-même établie. Vous seriez amené, par la suite, à tolérer pour d'autres ce que vous me demandez aujourd'hui de faire !

— Quel homme ! Quel homme ! cria d'admiration le commissaire.

— Mais, continua le capitaine, devant l'insistance de l'imam, il accepta.

— Ah bon, chuchota le commissaire, je suis déçu !

— Le Maréchal accepta de donner à l'imam une demi-satisfaction, il mit un pied à l'intérieur de la mosquée.

— Quel homme ! Quel homme ! s'esclaffa le commissaire.

Si El Wafi rejoint Guignoix au bar. Monsieur Guignoix tient un magasin d'armes et d'articles de sport, il a une tête de chien battu avec deux petites poches sous le menton.

Monsieur Guignoix, quinquagénaire, célibataire, prudemment dégagé de tout lien affectif, est déjà à son sixième verre de Berger blanc.

— Alors colon, lui lança Si El Wafi, toujours convaincu ?

— Ce n'est pas seulement par goût des aventures et des voyages que je suis un colonial convaincu, mais parce qu'au sortir de la métropole, rongée par les dissensions intestines où trop d'activités, hélas, ne se dépensent qu'en paroles vaines, j'ai trouvé dans nos colonies…

— Si vous parlez du Maroc, veuillez, s'il vous plaît, rectifier, lui dit sèchement Si El Wafi, ici, c'est un protectorat.

— J'ai trouvé, enchaîna monsieur Guignoix, dans notre protectorat la plus belle école d'énergie. La France n'a qu'une vocation : conquérir.

— Le Maroc, répond Si El Wafi, a aussi une vocation se conquérir. Vous me décevez, monsieur l'armurier, je croyais dans ma grande naïveté que vous étiez proche des Marocains ! Je découvre que vous ne valez guère même que ceux qui se croient en territoire conquis.

— Il est conquis Si El Wafi, c'est vous qui rêvez. Nous, nous apportons la civilisation.

— Vous voulez dire la syphilisation.

— Vous êtes très drôle Si Wafi, vous dites n'importe quoi pour épater la galerie.

— Je vais vous dire, monsieur Guignoix, ce que vous êtes. Un rétrograde ! Vous me rappelez les inepties qu'écrivent les journalistes du Petit Marocain. Tenez, lisez vous-même, c'est en première page.

Monsieur Guignoix chaussa ses besicles et lut :

— Sous le commandement de la France, veille continuellement le berbère, à la fois gai et dur, religieux et superstitieux, simple mais passionné de grandeur, paysan mais guerrier. Si El Wafi, soyons sérieux, combattre la France c'est stupide, la France c'est le modernisme, ce n'est pas comme vos oulémas qui croient que les étoiles sont accrochées au ciel par des fils invisibles.

— Monsieur Guignoix, vous êtes un raciste de la pire espèce !

— Moi raciste ? hurla l'armurier. Vous dépassez les bornes Si El Wafi, moi monsieur, je crois que les humains sont égaux sauf les rouges, les jaunes, les noirs, les femmes et quelques autres qui ne sont pas égaux !

— Monsieur l'armurier, vous êtes d'une absolue merdité.

— Si la France quitte le Maroc, dit calmement monsieur Guignoix, les ascenseurs ne fonctionneront plus, les chameaux envahiront les villes et les indigènes viendront pousser des you-you dans les rues et avenues modernes que nous avons bâties.

Monsieur Guignoix est définitivement engoncé dans ses certitudes de supériorité raciale, dans ses préjugés indéboulonnables et dans sa bonne conscience sans faille.

— Monsieur, clama Si El Wafi, la meilleure décoration française : la légion d'honneur ! !

— L'indépendance, dit monsieur Jean, pour détendre l'ambiance, c'est comme une olive qu'on mange et dont on jette le noyau ; allons messieurs, ne nous énervons pas et trouvons un modus Vivaldi !

— L'indépendance, c'est l'état de grâce, dit fièrement Si El Wafi.

— L'Etat de Grâce, c'est Monaco, ricana monsieur Jean.

— A propos de votre poésie, dit monsieur Guignoix, pourquoi faites-vous toujours du Si Wafi ?

— Parce que, répondit celui-ci, c'est encore moi qui le fait le mieux.

— Puisque c'est ainsi, j'offre le champagne à tout le monde.

— Du champagne ou du mousseux ? demanda Larbi le barman.

— Du champagne et du meilleur, servez-nous une bouteille de Veuve Coquelicot.

— Le champagne ? Ce n'est que du vin qui pétille.

— Le champagne, c'est le Mozart des vins, dit Larbi le barman (qu'on appelle Larbi du club).

— Ecoutez monsieur Guignoix, lui dit Lamouchi, si vous ne voulez pas dire de bêtises à chaque fois que vous ouvrez la bouche, taisez-vous.

— Vos plaisanteries sont de mauvais goût, clama El Wasti, c'est connu, vous êtes l'homme le plus avare de Mogador.

— Oui j'avoue, soupira monsieur Guignoix. Il n'y a pas l'ombre d'une feuille de papier à cigarette sur ce vice que j'aime, parce que l'avarice ne me coûte rien !

— Mais puisque vous n'aimez pas Mogador, lui lança monsieur Jean, pourquoi y restez-vous ?

— Vous me cassez les glaouis à la fin, cria monsieur Guignoix.

— Je suis bien à Mogador parce que je suis mal ailleurs ! Ça vous en babouche un coin !

Monsieur Guignoix tomba malade brusquement, attristé par la mort des siens, il fut surpris de façon grotesque par la mort alors qu'il prenait ses aises aux toilettes, mais comme il l'avait dit lui-même : Dieu est un humoriste.

— Quel est le féminin du mot chiot ?

Telle est la dernière question posée par M. Guignoix.

Un vent de folie a soufflé en ce jour du 6 avril 1947, on n'a jamais vu autant d'aliénés dans les rues de Mogador.

A six heures du matin, un jeune homme, fils d'une respectable famille, se promenait au bord de la plage, nu comme un ver, et tenant dans sa main les trois livres saints : la Thorat, l'Evangile et le Coran, en criant :

— Voici mes œuvres complètes, j'ai tout dit.

A sept heures, place de l'horloge, deux campagnards en vinrent aux mains après une discussion métaphysique. Les mouches ont-elles une âme ?

A huit heures, un pyromane a tenté de mettre le feu à la minoterie Sandillon pour prouver à Khaddouj Sir F'halek son immense amour, mais sa belle exigea une action d'éclat.

A huit heures trente minutes, Larbi Pas-de-chance s'est enfui, horrifié, après une visite au cimetière juif : s'arrêtant net devant une tombe gravée, il y lut son nom.

A neuf heures, même les enfants, hier en quête de tendresse quotidienne, ont formé deux bataillons, les Bni Antar et les Chbanate, coiffés de chapeaux en papier journal, ils se jetaient de vraies grosses pierres.

Le petit Kacidi le fils de si Tijani participait à ce jeu dangereux.

Pris de peur à la vue du sang qui coulait, il s'est enfui et, dans une ruelle un peu sombre, il rencontra un agent de police et, sans raison aucune, il lui baisa la main. Jamais il ne s'était senti aussi humilié.

A neuf heures trente minutes, Habiba la masseuse, laveuse du hammam de madame Paps est sortie précipitamment dans la rue de Derb Jbala pour la première fois depuis sept ans. Elle avait trouvé refuge dans ce bain public, après un divorce mal accepté, en échange d'un peu d'argent, d'un peu de tendresse. Madame Paps aimait ses douces caresses.

L'amitié entre femmes délaissées est universelle.

A dix heures, un amoureux arrêta un cheikh, un maître spirituel pour lui parler de l'amour :

— Je suis, dit-il, l'étonnement, le regret, la nostalgie, la stupéfaction, la perplexité, la jalousie, le mutisme, l'émoi, l'immobilité, les pleurs, la peine et l'insomnie.

— Je te reconnais à ton corps humilié à tes mains tendues, lui répondit le cheikh.

— Je suis le dépérissement, hurla-t-il.

— Tu es le délabrement.

— Je suis sous l'emprise de l'ardent désir de l'amour éperdu.

L'individu se mit à fondre, à se liquéfier et à s'écouler tel un filet d'eau.

Son corps se dissolva entièrement.

Il se réduisit en une petite flaque d'eau.

Dissolution extraordinaire et transformation surprenante !

L'amoureux a perdu son enveloppe terrestre pour redevenir de l'eau, substance originelle et principe de toute vie.

A dix heures trente minutes. Qui a fourni à Diabolo ces centaines de bouteilles vides qu'il casse contre les canons portugais de la Scala en criant ?

— Vive le Sultan et que Dieu bénisse celui qui a dit : " La lune est le soleil des morts ".

Sur la pointe la plus extrême du môle, bras en béton avançant dans la mer, un homme à la jellaba gonflée d'air, crie les bras dressés au ciel :

— Et toi aussi, océan, tu revendiques l'indépendance !

A onze heures, dans la Zaouia Tijania, les gens ont entendu Si Tijani du haut de son minbar parler de l'amour divin chez les Soufis. Un oiseau pénétra dans la mosquée et se posa doucement sur sa main droite.

Au moment où Si Tijani finit son discours, l'oiseau frappa la terre de son bec laissant échapper du sang et mourut.

Dieu a permis à cet oiseau de comprendre les paroles de Si Tijani, L'effet ainsi produit eut raison de lui et le pouvoir de l'amour le subjugua.

D'où viennent ces trois corbeaux qui volent au-dessus du minaret blanc ?

Et cette caravane composée de trois hippopotames qui passe près de Sidi Magdoul devant des chiens qui n'aboient même pas ?

— Tiens, dit El Mejout, des rhinoféroces à Mogador !

Et ces cris d'enfants qui montent d'un puits ancien ?

La journée du 6 avril 1947, à onze heures vingt minutes, a vu les malades de l'hôpital Derb El Alouj danser jusqu'à l'épuisement total.

La journée du 6 avril 1947 à midi, les onze détenus de la prison civile se sont saisi de Ayachi, le terrible et sévère geôlier ; ils le détiennent comme otage et gage pour obtenir l'amélioration de leur condition. Pour cela, ils ont forcé leur otage à boire un bol de sa propre urine.

Assou a libéré la chèvre dont il était éperdument amoureux. Il l'a détachée de la plus haute branche de son arganier et, en bon zoophile, a assouvi ses bas instincts.

A midi trente minutes, Moulay Peu, un demi-homme, sans bras ni jambes, cria à tue-tête :

— Qu'ai-je fait au bon Dieu ! ? Je ne peux même pas m'adonner au plaisir solitaire.

A treize heures, à souk El Ghzal, un vénérable vieillard laissa glisser de son burnous un litron de Boulaouane qui se fracassa sur les pavés.

A treize heures trente minutes, Moul Tricinti mangea le bouquet de roses que madame Verra, la libraire, a ramené de Marrakech pour son anniversaire.

A quatorze heures, El Wasti s'enferma dans les toilettes du café de France et, à tue-tête, chanta toute la journée.

Ah les fraises et les framboises
Il est mort le canari
Ah les fraises et les framboises
Il est mort le p'tit zarzour

A quatorze heures trente minutes, le caravanier Bobana, qui avait vendu ses vingt chameaux pour satisfaire les exigences de Farija, vit maintenant dans un puits près de Sidi Magdoul.

— Qui a fait de la peine au petit Bericha, qui l'a fait pleurer ?

— Rassure-toi mon enfant, lui dit la vieille Choukhana, la croque-mitaine, ton destin est écrit entre tes yeux, tu seras plus tard un homme important à Blad n'glize, le pays des Anglais.

Choukhana avait vu juste. Trente ans plus tard, le petit Bericha de Mogador est devenu Lord Bericha, ministre anglais de sa Gracieuse Majesté la Reine d'Angleterre.

En ce jour du 6 avril, à quinze heures, Haïm le réceptionniste de l'hôtel de Paris, s'est pendu haut et court pour une banale histoire de vol de papier hygiénique.

— Si c'est pas malheureux, dit Messaouda sa tante, mourir pour si peu, pour du pipi-hygiénique.

Avant de se passer la corde autour du cou, Haïm a dit :

— Pour me tuer, la mort a besoin de mon concours.

En ce jour du 6 avril, à quinze heures trente minutes, quarante filles des rues sont entassées dans une cellule. Raphaël, le coiffeur le moins cher de Mogador, est chargé de leur raser le crâne, boule à zéro.

En ce jour du 6 avril, à seize heures, on a " vu " un misérable peintre vietnamien habillé en haïk poursuivant assidûment sur la route d'El Ghazoua un jouvenceau callipyge comme une vierge.

Peintre dites-vous ? Ce qu'il fait n'est pas de la peinture, c'est de la teinture.

En ce jour du 6 avril, à seize heures trente minutes, douze nasranis , dont Andréas le Perpendiculaire, comme les douze apôtres, ont dit au Cadi qu'ils voulaient embrasser l'islam. Ils criaient à tue-tête : l'église macache bezef, l'église Bachi Bouzouc !

Harabida, le serrurier, a perdu son coq qui se nourrissait exclusivement de sardines et d'olives.

En ce jour du 6 avril, est arrivé du lointain Mhamid Al ghizlan le poète juif Erez Bitonqui muni d'une canne incertaine ; aveugle, il chantait dans la synagogue de Derb El Alouj :

Femme, apporte à boire !
Qu'on ne dise pas : yikhlé dar'houm (que leur maison s'écroule),
On est parti le gosier sec.
Je jure sur ma tête que vous ne sortirez d'ici que titubant,
Et ne voyez-vous pas que nos filles sont belles à pincer cette nuit ?
A Mimoun, A Mass'oud, darbou kamanj'a ouel'oud (toi Maïmoun et toi Mass'oud, jouez du violon et du oud).
Aj'iou, aj'iou alkhouan
(venez, venez mes frères),
enla'bou fe'had adiouan

(jouons à la poésie),
kbel manfoutou min'hadaddéniah
(avant de quitter ce monde).

En ce jour du 6 avril, à dix-sept heures, Bouzambo s'entraînait à lancer une grosse boule d'acier d'un poids de sept kilos sur la terrasse de la maison familiale :

— Arrête ! cria sa mère, de te mettre plein de farine autour du cou, c'est un sport stupide.

A dix-sept heures trente minutes, une voix s'éleva de l'île où vit, oublié des hommes et des dieux, depuis vingt ans, un Soufi. C'est un survivant du groupe des quinze marrakchis qui ont exécuté le docteur Manchamp.

Dans cette île sortie de l'eau, le ciel est si bas qu'il produit de l'humidité.

Si Ghozali, l'ascète, l'ermite de l'île de Mogador, se nourrissait exclusivement d'œufs d'oiseaux Eléonore !

Ces œufs très rares, recherchés par les laboratoires européens qui les paient à prix d'or, l'équivalent de cinq cents dollars l'un.

Notre Soufi en mangeait une bonne douzaine par jour, des omelettes à trente mille dollars ! Calculez-vous même !

A dix-huit heures, on a circoncis Jah Enbi avec un sécateur, il avait quarante ans.

— Jah Enbi, le crieur nocturne du mois de Ramadan, cheveux crépus, bouche lippue, bras velus, jambe poilues, derrière fessu et regard obtus.

En ce jour du 6 avril à dix-huit heures trente minutes, les membres de la Zaouia Hmadcha se sont éparpillés dans les rues de Mogador.

— Vivants ? criaient-ils, qui est vivant à Mogador ? Mogador est un cimetière.

A dix-neuf heures, on a vu Papillon, le serveur du chalet de la plage emporté par les vents, il ne pesait plus que vingt six-kilos.

C'est connu, à Mogador celui qui n'est pas fou n'est pas normal.

— Si Dieu existe, dit Abdellah Majout, son châtiment sera terrible.

— Rassure-toi, répondit Si Wafi, Dieu existe !

Un jour, René Hafid arriva au bout de la route asphaltée du Tangara et prit la sinueuse piste qui ne mène nulle part. Au milieu d'un petit tell se dressait un arbre aux fruits de jade. Il s'approcha et vit une pancarte suspendue à l'arbre.

Il déchiffra péniblement :"Défense de toucher aux fruits".

Une femme nue aux longs cheveux couleur de vin, un serpent sur les épaules se tenait debout derrière l'arbre.

En ce jour du 6 avril, il ne s'est rien passé à Mogador. En vérité, tout ce qui a été dit est le fruit d'une imagination galopante.

Un seul événement, somme toute sans importance, à minuit tapante, Si Tijani quitta définitivement Mogador pour ne plus y revenir.

Accompagné de sa femme Mahjouba et de sa nombreuse nichée, il s'installa à Casablanca pour une nouvelle vie.

Pour un nouveau destin.

Adieu Mogador Fabor

Tous les journaux du Maroc, de France et de Navarre parlent des " événements " du Maroc. Curieuse appellation ! Mais elle cache mal la résistance et le combat que menait le peuple marocain contre le protectorat français, contre les colons.

— Il y a le Maroc protégé et le Maroc massacré ; maintenant que le mouvement national a pris de l'ampleur, dit Si El Wafi à ses compagnons qui constituent la cellule de Mogador, maintenant, il faut agir pour défendre notre identité et notre culture. Beaucoup de peuples ont disparu, dévorés par le colonialisme.

Pensez à ce qui arrive au peuple indien des Etats-Unis.

Quand les blancs européens ont mis les pieds en Amérique, il y avait près de douze millions d'indiens. Aujourd'hui, il n'en reste plus que deux cent mille, tous figurants à Hollywood.

Je ne sais quel génie a inventé cet énorme mythe qui a fait que tous les Marocains ont cru voir l'image de Mohamed V dans la lune, l'image du Sultan déposé, exilé par les autorités coloniales.

Nous ne craignons pas la méchanceté des ennemis

Elle stimule notre foi !

Et ni les prisons, ni la mort

N'empêcheront la victoire.

Si El Wafi, flanqué de son assistant Abdellah Mejout, a sélectionné quelques orphelins de la Société de bienfaisance pour leur apprendre le chant des patriotes, Mine jibalina :

Du haut de nos montagnes
S'est élevé le chant des hommes libres
Pour nous appeler à l'indépendance
Indépendance de notre Patrie.

Cette généreuse initiative a valu trois mois de prison à Si El Wafi et deux mois à Abdellah Mejout.

Toutes les nuits, Si El Wafi criait du fond de sa cellule :

— En politique on n'a pas le choix, il faut choisir ! !

Quant aux trente orphelins qui ont défié les autorités, ils furent privés de harira pendant tout le mois de Ramadan.

Dans sa prison, Si El Wafi a continué son combat. Aux trois cents prisonniers, il apprit encore un nouveau chant, le chant de l'espoir, Alaïki mini essalam :

Salut à toi, terre de mes ancêtres !
Y séjourner m'est doux
Et la chanter est réconfortant.
J'en aime la lumière de la lune

Et celle des astres paisibles
Et j'en aime les fleuves
Et j'en aime les vallées.

— Qu'est-ce qu'ils foutent tous sur leurs terrasses ? hurla le commissaire Thomas.

— Ils croient que le Sultan est dans la lune, chef !

— Ils sont fous ces Marocains ! Comment ça dans la lune ?

— L'image chef… son image…

Tous les habitants du Royaume croient que l'image du Sultan est dans la lune.

— Etrange Royaume.

— C'est le Royaume de l'inintelligence conclut, le commissaire Thomas.

— C'est une idée formidable, cette idée-là soulève les montagnes, soulève l'Atlas.

— Moi, je suis là pour assurer l'ordre à Mogador. Qui menace la sécurité de cette ville ? Cria le commissaire.

— Le plus dangereux watani nationaliste, dénonça Talekhcha le mouchard, c'est El Wafi le journaliste.

— En prison El Wafi, et fissa !

Si El Wafi du fond de son cachot hurlait tout le long de la nuit :

— Notre Sultan bien-aimé vit avec nous, il est

dans chaque maison marocaine, dans chaque salon, dans chaque pièce. Il est dans nos cœurs, dans nos cerveaux. Nos femmes et nos enfants ne parlent que de lui, n'ont que sa pensée en tête.

Si El Wafi hurlera encore et encore, il hurlera jusqu'à en perdre la voix.

Qu'importe, il se réveillera à l'aube pour entamer le chant patriotique " Maghribouna Watanouna ", un texte fédérateur destiné à favoriser l'organisation de cellules nationalistes, même si le style de cette mélopée laisse à désirer – style indigent et un tantinet débile.

Mon âme en offrande au Maroc, ma Patrie
qui méconnaît ses droits, connaîtra la mort !
Pour lui mon sang, pour lui mon âme
Et tous mes héros, à chaque instant !
Jusqu'à ce que nous la retrouvions,
La liberté sera notre combat
Et le sacrifice, notre route.

C'est Si El Wafi, lui-même, qui assura la traduction de l'arabe en français de ce chant toujours fredonné par les vieux des générations d'après la guerre 39 - 45.

Je vous livre cette version, chers lecteurs, comme cadeau – fabor.

Et si on donnait la parole aux Mogadoriens exerçant les professions les plus éprouvantes, les plus dangereuses ou les plus dévalorisantes ? Des éboueurs, des gardiens de prison, des ramasseurs de cadavres d'animaux et aussi de cadavres d'humains. Le métier de ghassal al-mouta (nettoyeur de morts) est-il valorisant ?

— Je suis obligé, dit Brahim El Mentouf, de travailler à longueur de journée avec Azrail, l'ange de la mort, je suis continuellement angoissé. J'exerce le pire des boulots.

C'est vrai. El Mentouf travaille durement, dans un environnement hostile, pour nourrir sa nombreuse famille. N'est-il pas la risée des garnements des rues ? Des vauriens tout juste capables de chaparder, des morveux qui ne croient plus à rien et veulent tout avoir et tout de suite.

Pourtant, El Mentouf est bel et bien un héros déconsidéré. Ce qu'il fait personne n'acceptera de le faire, et personne, même dans son entourage, ne l'aide à trouver un peu de réconfort afin qu'il puisse combattre sa déprime. Sa femme n'est plus là.

— J'ai divorcé, se dit-il, parce que ma femme était tristounette, et ses pieds glacés. Cela me rappelait mon métier.

— Mais non, lui susurre une voix intérieure, ta femme t'a quitté parce qu'elle rêvait de travailler chez Esther Peri dans son institut d'épilation.

— Tu veux être arracheuse de poils, ricana son mari. Tout le monde n'est pas fait pour être heureux.

Avachi par l'absence, El Mentouf se bourre de mauvais vin et de pilules depuis le départ de sa femme…

Dorénavant ne l'intéressent que cette séparation et la jouissance de l'amour impossible. Le bonheur d'être malheureux.

— Tu crois qu'elle serait restée si je n'étais pas nettoyeur de morts ? demanda El Mentouf à sa fillette Itto.

— Elle aurait aimé que tu sois vendeur de siwanas (les cerfs volants).

Brahim, atteint de rhumatismes lancinants, hocha son long visage mélancolique.

— Cela qui a voulu cela voudra la fin de cela lui dit Itto en l'embrassant tendrement sur son front dégarni. Bonsoir papa.

— Bonsoir ma fille.

Encore une nuit d'insomnie jaune due à la rupture !

— Qu'ai-je fait, se demanda Brahim, pour attirer sur moi tant de catastrophes, pour semer, partout où je passe, le vent et surtout pour récolter toutes les tempêtes ?

Le lendemain, comme d'habitude, Brahim El Mentouf, vêtu de désespoir, surgit brusquement dans l'embrasure de la porte de l'hôpital derb El Alouj.

— Y a-t-il du nouveau pour moi ? cria-t-il.

Il parle bien sûr de morts à nettoyer. Et les morts, en cette période de disette qui dégénéra en famine, les morts "ça court les rues".

La malnutrition et la sous-alimentation règnent à Mogador. C'est l'année du "boune", l'année de la faim, l'année ou les "Zotorités" distribuaient avec parcimonie des bons qui donnaient droit à des portions journalières de farine et d'huile à chaque famille. Inutile de dire que c'était des rations de survie – ration alimentaire – ration de guerre.

Le besoin constant de manger, on le sait, engendre la famine et en cette année du "boune" la faim règne à Mogador. La moindre miche de pain jetée dans la rue brille d'un éclat pénible.

La mort frappe les plus fragiles, les plus démunis.

— Y a-t-il du nouveau pour moi ? demanda El Mentouf à l'infirmier chef de l'hôpital.

— C'est ce pauvre Abdellah El Mejout que Dieu a rappelé à lui.

— Allah Irahmou, soupira le nettoyeur de morts, je m'en occupe.

Le laveur doit être du même sexe que le mort et être instruit du rite à suivre dans l'ablution suprême.

Le mort est déposé dans une salle étroite. Il est étendu sur la "planche" (le maghsal), un plateau ajouré pour l'écoulement des eaux – l'eau nécessaire est chauffée à l'extérieur de la salle – dans le patio de l'hôpital.

Mentouf plaça une bougie allumée aux pieds de ce pauvre Abdellah El Mejout, hier encore si joyeux, si drôle, maintenant inerte et refroidi.

L'infirmier chef apporta deux grands seaux d'eau tiède qu'il déposa près du laveur.

— Que Dieu te vienne en aide, lui dit-il un large sourire aux lèvres.

Et il s'éclipsa.

— Pourquoi ce sourire, se demanda El Mentouf, dans un moment aussi grave ?

El Mentouf ignorait ce qui l'attend.

Au moment où il tournait le dos au cadavre pour prendre son gant de toilette, une main lui serra la cheville.

— Ah ! Au secours ! hurla El Mentouf en tombant en pâmoison.

— Allons El Mejout, ce n'est qu'une plaisanterie, réveillez-vous, lui dit doucement l'infirmier en chef en lui tapotant les joues.

C'était, en effet, un canular de mauvais goût. Abdellah El Mejout était bel et bien vivant. Cette farce de mauvais goût a failli coûter la vie au bon Brahim El Mentouf. Son aventure absurde et incroyable le précipita dans une folie délirante.

— Il est atteint d'aliénation, dit le bon docteur Youssef Taârji, son état nécessite l'internement.

Brahim El Mentouf se dressa sur son lit pour crier :

— L'ongle de l'avocat lacère des larmes de la fève orpheline – les allumettes ont mis le voile en abandonnant les orphelins dans l'échoppe du barbier.

— Après le terrible choc qu'il a subi, ce n'est pas étonnant qu'il soit atteint de désordres mentaux. Il faut l'enfermer ! décida le docteur.

— Les paresseux se sont enfermés dans les magasins pleines de jarres et d'amphores de Berkane. Où sont les braves et valeureuses cerises ? Venez tous, pleurez les coudes de Derb Al Kabir, vous aussi petits poils des souris jaunes, venez, je vous raconterais l'histoire du persil qui refusa d'assumer ses responsabilités et celle des couffins qui chantent la gloire de l'ambassadeur du Burundi dans le puits sardanapalesque.

— Il n'y a pas d'hôpital psychiatrique à Mogador. Il faut l'envoyer à Marrakech.

— Que Dieu fasse qu'il recouvre la raison, dit en pleurant au tribunal le criminel Abdellah El Mejout qui écopa de trois ans de prison ferme.

Dans l'ambulance, El Mentouf est en plein délire.

— Ah ! si les rails des trains pouvaient jeûner les lundis et les jeudis.

Où es-tu longue échelle, soulève-moi pour que renifle les cahiers dont les pages sont bourrées de peignes de vache.

Où sont les tripes et les boyaux d'antan ?

— Calmez-vous, lui dit le docteur Séguin – qui élève des chèvres dans sa ferme à Targa, près de Marrakech, on va s'occuper de vous.

Il administra au patient un remède de cheval – des substances médicamenteuses très fortes.

Le pauvre El Mentouf est maintenant sans force, indolent et ramolli, il erre dans les couloirs froids de cet hôpital de Marrakech et murmure d'une voix enrouée :

— Où sont les glaçons caucasiens de minuit et les pierres poilues qui pleurent à l'aube ?

Où sont les gésiers chauves suspendus aux robinets du Consul de Suède ?

Où sont passés les cris des haillons qui enveloppent les babouches révoltées ?

Nous sommes fatigués des lamentations de la cafetière bourrée de chaussettes sans slips

Nous sommes dégoûtés des monstrueux papillons barbus qui mangent les narines marchandes gratuitement, fabor.

Les papillons barbus de Mogador sont fabor.
Mogador la ville à vendre est fabor.
Mogador fabor.

Mon enfance a été bercée par les contes et les légendes – cela se passait à Mogador Essaouira.

Nous nous réunissions le soir autour de sœurette "Lalla Khoïti" ou Lalla Mina, notre sœur aînée. Elles nous racontaient, de mémoire, des contes où le merveilleux est mêlé à l'humour et le tragique à l'émotion.

De temps en temps, sœurette nous lisait quelques pages de "Alf leïla wa leïla" ; les Mille et Une Nuits.

Elle prenait soin de "sauter" les passages les plus suggestifs "le portefaix et les jeunes filles" notamment.

Si Tijani tenant par la main son enfant âgé de cinq ans monte dans le car Satiam qui relie Mogador à Marrakech.

C'est l'aurore, le moment où le pain chaud, dans les boulangeries, sort du four et celui où les infirmières dans les hôpitaux enveloppent dans leurs draps, les nouveaux morts.

Arrivés à Marrakech, ils débarquèrent sur la place Jamaâ El Fna.

L'enfant était ébloui par ces Halqas, les cercles de spectacles, les acrobates, musiciens, chanteurs et surtout les conteurs.

Parmi eux, Si Ahmed le Moustique qu'il retrouvera quelques années plus tard au Derb Baladia, à Casablanca.

Les contes et les légendes vivent dans bien des mémoires. Le feu est permanent et le rêve est mille fois vécu. Par les mots, les mythes, l'amour, la générosité, l'humour et le rêve au cœur vivant de l'imaginaire qui se fait réel. Le rêve force la réalité à paraître.

Au Maroc, pays des conteurs par excellence, on peut en distinguer quatre sortes :

Les conteurs mystiques
Les conteurs poètes
Les conteurs comiques
Les conteurs mejdoubines.

Les conteurs mystiques, ce sont les " Meddahs " qui relatent la vie exemplaire des prophètes. Sidna Moussa " Kalimou Allah " (Moïse), Sidna Aïssa et Maryam El Aâdra (Jésus et la Vierge Marie), la sagesse de Loqman et le Déluge (Noé), et surtout les faits et gestes du Sceau des Prophètes : Sidna Mohammed.

Les textes sont dans la plupart des cas émaillés de passages en prose rimée (Sajeaâ).

Les conteurs poètes, ce sont les Rawis, dépositaires d'une très large culture orale, qui nous font découvrir comment un petit prince est né d'un œuf d'autruche, comment une rose produit mille et un papillons par jour, comment Sindbad le marin a découvert l'Ile Waq-waq, etc.

Leurs légendes sont magiques – les exploits les plus invraisemblables côtoient le merveilleux, l'humour se mêle à la poésie. L'imaginaire du Rawi est peuplé d'afarites (les géants), de jeniates (les démons) et de ghoules (les ogres).

Les conteurs comiques, ce sont deux personnages traditionnels qui animent et interprètent des histoires quotidiennes : les déboires des hommes mariés, des femmes infidèles, des voyageurs naïfs et des adolescents malins. Ces deux compères sont Bakchiche, personnage truculent, et Msiyah, personnage balourd et maladroit. Inutile de dire que ces deux " clowns " en rajoutent quand ils sont encouragés et abrègent quand l'assistance est avare de pièces sonnantes et trébuchantes.

Les conteurs majdoubines, sont en général des conteurs charlatans. Ils se fabriquent, en parfaits comédiens, la tête de l'emploi : chevelure longue et derbala (robe bigarrée). Ils évoquent les saints et prétendent connaître l'avenir ; leurs histoires sont toujours courtes et moralisantes – le Bien triomphe toujours du Mal. Ils évoquent leur longue expérience de la vie en parfaits mythomanes, parlent de pays lointains qu'ils auraient visités.

Les conteurs, s'exprimant en arabe ou en berbère, animent les Halqas, surtout à Jamaâ el Fna

(Marrakech), Bab el Makina (Fès), Lalla Aouata (Meknès), Bab Doukkala (Essaouira), Derb Ghallef et Bousbir el Qdim (Casablanca), etc. D'autres Halqas se tiennent dans tous les souks hebdomadaires du Maroc.

La plupart de ces conteurs sont truculents, bouleversants et parfois émouvants. Ils expriment l'ombre et la folie, la misère et l'opulence. C'est une vraie délectation, surtout pour ceux qui ne savent pas lire. Ils sont les invités des Rois et des Djinns ; ils pénètrent dans les palais où tout est en or, ils ont l'impression de découvrir les secrets des princes et des princesses. Ils partagent par l'ouïe les joies et les peines des autres.

La Halqa (véritable théâtre en rond – théâtre de rue) est un moyen de se regrouper, d'être ensemble et surtout d'être transporté dans un autre monde, celui du rêve, où les contes et les légendes réinvestissent bien des mémoires, où le feu est permanent, le songe mille fois vécu, forçant la réalité à paraître, par les mots, les mythes, l'amour, la générosité, l'humour et le rêve au cœur vivant de l'imagination qui se fait réalité.

Après la place Jamaâ el Fna et avant de rendre visite au Cadi Ouarzazi, Si Tijani, accompagné de son fils, se dirigea vers le cimetière Al Imame Souheili pour se recueillir sur la tombe de son père. L'enfant est très impressionné par l'intensité du recueillement du père qui semble détaché de toute préoccupation terrestre. Soudainement des larmes inondent son visage ; un moment de grande émotion, vite effacée par un lumineux sourire, un sourire inoubliable.

Si Tijani loua une calèche pour se rendre au domicile du Cadi. L'enfant n'avait plus qu'une idée : chasser de sa mémoire ce qu'il avait vécu au cimetière, chasser le souvenir de son père en pleurs. Pour cela, il demanda à Si Tijani de lui parler encore et encore du monde étrange des conteurs.

Les conteurs parlent de puissance, de richesse, de beauté mais en vérité ils mènent une double vie : l'une faite de rêve et l'autre de l'horrible réalité.

Après la halqa ils s'en vont, le froid au cœur, regagner leur mansarde couleur de misère. Devant une petite table bancale sans pain, se lamentent, transis, femme et enfants.

L'âge venant, ils disparaissent dans les tornades de la vie et, comme la rosée, ils s'évaporent à la chaleur du soleil, pfut… comme ça, fabor !

Si Tijani a lu dans les yeux de son fils une vague tristesse accompagnée de rêverie. Pour le détendre, il éclata de rire, un rire débordant, en cascade, un rire qui ne procède pas d'un acte de la volonté. Sincère et spontané, il est lié à la joie, au plaisir d'être avec son enfant, cet enfant qui garde en mémoire ses premières rigolades auditives suite aux bisous, souffles chauds sur le visage, sauts sur les genoux et chatouillis ; cet enfant apprendra plus tard que le rire n'est pas gratuit, pas fabor.

Si El Wafi a soigneusement noté sur son cahier Jeanne d'Arc les noms des poissons prisés à Mogador en arabe, en berbère et en français. Il initie Monsieur Waznar, le propriétaire du chalet de la plage.

Le turbot appelé Hout Moussa (poisson de Moïse) avoisine aux Azouguaghe le délicieux pageot et le congre qu'on nomme ici Assighaghe. Le saint Pierre, lui, porte un curieux nom "Le porteur d'anneau". L'ombrine Azelmza – Azaïze c'est le poulpe et la baleine, elle, est nommée Guagua.

On a jamais su d'où venait l'énorme Waznar – il pesait 133 kg –le tenancier du chalet de la plage. On a jamais su, non plus, son vrai métier. Etait-il cuisiner, tavernier ou simple barman ?

— Moi, monsieur, je suis gastronome, disait-il à qui voulait l'entendre – je peux vous parler du "Rôti-cochon" le livre des gourmandises destiné aux enfants ou bien du "Gazetin du comestible", le fameux périodique de 1767 où sont mentionnés le nom des denrées et des villes qui les produisent.

— Si je comprends bien, lui dit Si El Wafi, vous êtes un cuisinier intellectuel.

— Non monsieur, je suis gastronome ; je suis un artiste de la bonne chère ; ma science consiste à quintescencier les viandes, à tirer les sucs nourrissants et pourtant légers, à les confondre ensemble, de façon, que rien ne domine et que tout se fasse sentir.

— En sommes, vous êtes balzacien, rétorqua Si El Wafi. Balzac ne disait-il pas que les sources sont le triomphe du goût en cuisine ?

— Quand on est professeur dans l'art de la gourmandise comme moi…

— Quel fanfaron ce Waznar ! chuchota Si El Wafi dans l'oreille de Monsieur Lamouchi.

— Oui messieurs, je vous le dis tout net, il faut jeûner deux jours pour apprécier et célébrer ma gastronomie !

— On reviendra, rétorqua Si El Wafi, après Ramadan, après trente jours de jeûne.

— Chez Waznar, conclut celui-ci, tout est gâterie et chatterie !

— Des tables pour vingt trois personnes, dit en entrant un Européen à l'accent anglais. Nous sommes vingt-trois.

— Avec plaisir, répond Waznar, obséquieux.

— Messieurs, vous avez l'honneur d'accueillir chez vous le grand, le génial Orson Welles.

— Qui c'est celui-là ? dit Monsieur Lamouchi avec mépris.

— Allons ! claironna Si El Wafi, Orson Welles, le grand musicien !

Homme de théâtre et de cinéma, acteur, animateur, metteur en scène, maître d'œuvre, auteur complet, écrivain scénariste, dialoguiste, Orson Welles est l'un de ces êtres à la fois prestigieux et prodigieux qui apparaissent, peu nombreux, dans chaque siècle. Malheureusement pour lui, son génie l'a porté vers la création cinématographique. S'il avait donné au théâtre, à la musique, à la peinture, à la sculpture, une partie du génie créateur qu'il a voulu réserver au cinéma, son œuvre aurait été immense.

Vingt-trois couverts pour vingt-trois cinéastes, de onze nationalités différentes.

— Parlez-nous de votre film, bredouilla Si El Wafi à l'adresse d'un Italien qui parlait le français.

— Ah Othello, je vois, c'est Molière, dit Lamouchi.

La pièce de Shakespeare a connu une autre très belle adaptation cinématographique : Celle d'Orson Welles. Il faut croire qu'Othello dut répondre à une exigence impérieuse de Welles pour que ce dernier en entreprît la réalisation avec une telle persévérance et à travers tant d'obstacles. Car il le fit sans producteur, avec quelques billets en poche et en travaillant comme acteur pour faire rentrer des fonds nouveaux lorsque les premiers étaient épuisés. Il tourna à Mogador avec des moyens de fortune. Costumes, armes, accessoires, matériel même, tout sortit de terre à moindre frais, œuvres d'artisans ingénieux et admirables.

— Ce qui nous intéresse, nous, à Mogador, c'est de donner du travail aux jeunes, aux artisans, clama Si El Wafi.

Pour réaliser une seconde adaptation de Shakespeare, Othello, il a fallu à Orson Welles, quatre années, le financer lui-même avec ses cachets d'acteur, et vagabonder au Maroc (Mogador, Safi, Mazagan) puis en Italie (Rome, Venise, Tuscania, Viterbo), trouver plusieurs Desdémone consécutives (Léa Padovani, Cécile Aubry, Betsy Blair puis enfin Suzanne Cloutier). Et, finalement Othello a été présenté à Cannes comme un film marocain.

— Maître Orson Welles, dit Waznar, c'est un grand honneur que vous me faites, que voulez-vous, que puis-je vous accorder ?

— Crédit, répondit Welles en s'esclaffant.

— Mon restaurant est un monde de bonnes choses fondantes, j'ai des poulardes à la maréchale, des filets de soles, sauce ravigote, si savoureuse que vous vous en lécherez les doigts.

— Des soles ? J'aime ça ! Enfin sole avec moi-même. Avez-vous de la bouillabaisse ? dit goulûment le Maître.

— Pas au déjeuner, le soir, si vous le désirez, je vous servirais une bonne bouillabaisse avec langouste, rascasse et croûtons aillés.

— En attendant, servez-nous une bouteille de scotch !

— Avec plaisir monsieur Welles. J'ai aussi du bon vin français, du Bordeaux.

— Du vin marocain, coupa monsieur Welles, nous sommes au Maroc, consommons les produits du pays.

— Bien, monsieur Welles

— Je veux des sardines

— Bien, Monsieur Welles

— Des sardines grillées sans ces condiments infernaux qui vous arrachent la gueule. Vous savez ce qu'est la sardine ? dit malicieusement monsieur Welles.

— Bien sûr, Maître

— Les sardines vivent en groupe dans une boîte pleine d'huile…

— Ah Ah Ah, c'est drôle, dit Waznar.

— Mais, poursuit monsieur Welles, les meilleures sardines sont celles qui n'ont pas de têtes.

— Je vous préparerais moi-même des sardines gratinées aux tomates de oumagha, de la région, vous m'en direz des nouvelles. Ah quel fumet ! ! Et si mes tomates ne vous plaisent pas, vous ne les paierez pas.

— Où est le scotch ?

— Tout de suite Maître ! A propos, vous n'auriez pas un petit rôle dans votre film pour moi ? J'accepte de jouer sans être payé, comme ça, fabor.

A cinq heures du matin, le car s'immobilisa au Derb Carlotti. Si Tijani descendit le premier, suivi de sa femme Mahjouba, de sa fille aînée Sœurette, fille d'une autre couche, Azizi l'aîné qui fera carrière dans le journalisme et la poésie, Seddik le cadet devenu plus tard plasticien, Tayeb le benjamin qui fait carrière dans le drôlatique, Hallouma l'assistante sociale, Noufissa et Hania dans les entreprises privées, El Hadi, futur banquier, Maryama, l'artiste. Si Tijani regardait avec tendresse toute sa nichée réunie dans le petit patio de leur nouvelle demeure. Si Tijani n'a pas choisi Casablanca seulement pour ses décors inhabituels, Casablanca dans son futur imprécis, en proie à la surpopulation et au chaos social qui en résulte.

Il y a d'abord la voisine qui vit seule dans une chambre sans lumière, on l'appelle Aïcha Rial ; elle a été, dit-on, une célèbre danseuse chez Calabassa le forain Balabola.

Aïcha Rial passe ses journées à errer dans les rues du quartier ; les mains dans les poches de ses guenilles terreuses, elle chantait – les enfants font ça quand ils sont tristes. Tentée par la fuite, elle rêvait d'envol et de pays lointains. Mais si la vraie vie est ailleurs, il faut d'abord faire face au présent. Et, dans les terreurs sourdes qui assaillent ses nuits, affleure le mystère d'une vie souterraine dont aucun schéma ne peut rendre compte.

Tous les vendredis, le visage encore plus défait que le lit, elle allait à Mriziga – la mer aux égouts – sur la Corniche, et là, assise devant l'océan, elle restait toute la matinée, seule, apaisée, énigmatique, porteuse de soucis, d'angoisses nées d'atrocités vues et vécues.

"Il fait froid brr
L'oiseau s'envole frr"

Aïcha Rial ne pleure qu'une fois par semaine. Après l'appel du muezzin pour la prière collective, des larmes de désespoir coulent sur ses joues creuses.

- Je n'ai plus, se disait-elle, à mon âge, que les impuissances de la vie.

Tous les malheurs de Aïcha Rial viennent de l'absence d'engendrement. Elle n'enfante pas. Stérile, elle est regardée par son entourage comme un malheur. Son mari avait épousé une seconde femme. Son infortune lui vaut, en plus du mécontentement que lui manifeste son mari, les âpres réflexions de sa belle-sœur.

On la compara à la poule jaune improductive qui ne fait que manger et fienter :

" Bhal edjaja assafra
Takoul ou takhra "

Depuis trois jours, un couple de Polonais occupe les deux pièces de la terrasse. Personne ne comprend ce qu'ils disent, ils ne parlent que le polonais. Le quatrième jour, le mari, qui avait beaucoup bu, a menacé de se jeter de la terrasse. Sont venus policiers et pompiers, tantôt pour le supplier de descendre, tantôt pour le menacer de prison lui et sa femme. Il a fallu quatre heures d'ardues négociations pour qu'il accepte de se rendre.

On dit — que ne dit-on pas — que ce Polonais était un élément de la Légion étrangère. Il était, dit-on, le plus souvent cinglant, brutal, violent, vulgaire, arrogant, suicidaire a rendre l'âme dans un hammam public en chantant " La Marseillaise ".

— Oh la barbe ! cria Si Alloula l'Oranais.

Le percepteur, Si Alloula, qui collectionnait les sabots de Savoie, des sabots amoureusement accrochés aux murs de son grand salon.

— Oh la barbe !

Monsieur Alloula a la nostalgie de sa ville, Oran, qu'il appelle le petit Paris. Il évoque les soirées mondaines, les réceptions, avec lyrisme, sans emphase, où les portraits du " beau monde " sont marqués d'amitié, de dédain et parfois de cruauté.

— Oh la barbe !

Il faut peut-être y voir une forme de résurgence romantique, une volupté trouble à se baigner dans les larmes.

Le personnage le plus pittoresque est assurément Moul Eddou – l'homme de l'électricité. Ce petit bonhomme râblé, à la peau rose, tenait la boucherie du coin, mais il avait un second képi, il était chargé du recouvrement des sommes dues à la Société d'Electricité.

— Moul Eddou ! criait notre boucher en tapant fort aux portes.

Sous ses dehors angéliques, monsieur Nicolas – il s'appelait Nicolas – menait une vie de vilaine concupiscence.

Amours fugaces, amours coloniales, amours exotiques, amours enveloppées de gaze, de dentelles, beaux yeux cachés derrière des voiles, des jalousies, des moucharabiehs, désirs enfouis dans son petit harem de petites prostituées de petits lupanars. Il aime entendre le chant du corps, le soir au fond des bouges. Il prenait à son service quelques éphèbes qu'il protégeait, qu'il maniait, compagnons pour la vie à la terre comme à la mer, à la voile comme à la vapeur.

Nicolas faisait partie de ces Européens de Casablanca dont le nom patronymique était d'une prononciation difficile. Ils n'étaient connus que sous leur prénom, parfois assez bizarrement estropié, précédé du titre tajer. Tajer Bibi (Pepe pour José), un tajer Bousbir (Prosper), un tajer Bidrou (Pedro), etc.

D'autres, dont l'aspect ou l'allure frappait les indigènes, avaient reçu d'eux des surnoms révélant généralement un sens aigu de l'observation. C'est ainsi que tel Européen, doté d'un nez plutôt long et d'une paire de jambes maigres, à la démarche saccadée, était connu sous le sobriquet – Bellarj (la cigogne) ; tel autre devait à sa corpulence, à sa grosse tête, à ses membres courts et à ses besicles, le surnom Mouka (le hibou) ; un autre encore, trapu, hirsute, grognon, la tête dans les épaules, s'appelait Hallouf el-ghaba (le sanglier). Telle dame, grande, à l'air dédaigneux, très myope et qui allongeait le cou pour reconnaître les passants, avait reçu le nom peu flatteur mais nullement péjoratif d'Ennaga (la chamelle).

Nicolas, lui, est appelé par son propre diminutif – Nouikila.

Par roman d'amour, il faut entendre une histoire sordide – encore une – de jeune fille que sa belle-mère cherche à caser, de célibataire qui se laisse prendre au piège, de jeune séducteur, imbécile et lâche.

La jeune Zouina, veut se marier. La belle-mère veut se débarrasser de cette pensionnaire, cette bouche de trop à nourrir. Le célibataire se juge moche et pleutre, sans courage. Le séducteur, lui, n'a que deux préoccupations dans la vie, se curer les oreilles avec des bâtons tiges, qu'il cache soigneusement dans sa poche intérieure, et collectionner des vieux guidons de vélos, il en a soixante-deux.

Les passions humaines sont partout misérables, mais à Casablanca, cité des assemblages d'individus très différents, disparates, les désirs, les rancœurs et les ambitions démesurées prennent d'énormes proportions. Ici, les concurrences amoureuses se doublent de querelles qui se terminent souvent par des drames.

Zouina n'a qu'un prénom en guise d'identité, petite servante qui, à l'âge de huit ans, a été quasiment vendue par feue sa mère à une riche famille de propriétaires terriens de Oulad Hriz. La démarche hésitante, les yeux couleur de miel, où passent quelquefois des nuages, elle est indéfinissable, entre grâce et laideur.

" Si ma mère savait la douleur que je ressens, elle aurait déposé mon linceul à mes pieds ".

(Loukan arfat oummi ma biya
Tdir kafni ande rajlya)

Quelques années plus tard, elle deviendra, à l'âge de vingt-deux ans, une cheïkha - sorte de danseuse chanteuse, qui divertit les hommes surtout par sa musique, sa danse et aussi par sa conversation. Et c'est en écoutant tous les vendredis, sur Radio Maroc l'émission " Poème marocain du genre Melhoun " que Zouina a appris les Qasaïd que les artisans brodent et qu'ils appellent Ilm al Mawhoub – la science donnée.

Zouina accompagnée de son rabab – rebec- excelle dans le haut chant appelé " Tarchoun " (le petit faucon). Ecoutez cette voix suave et douce :

Qsem. – Ce qui m'est arrivé est digne de faire oublier ce qui est arrivé

A Qays lui-même, et saisira d'étonnement celui à qui je le raconterai.

L'émir de l'amour, ô qui me blâme ! a rangé ses hommes contre moi.

Je redoute seulement qu'il ne prenne mon âme avant l'échéance. Ses héros m'assaillent de toutes parts. Celui que j'aime est loin de moi ; mais il a guidé vers moi l'amour que j'ai pour lui. Je ne lui ai rien fait pour qu'il s'éloigne. Je ne sais ce qu'il a. Je ne pensais pas qu'il s'éloignerait sans raison. J'ai caché ma peine au fond de mon cœur, prenant mon malheur en patience ; et quand Tarchoun est parti, j'ai dit : " Dieu est à moi ".

Harba. – J'ai perdu un tarchoun à la chasse et je n'ai vu personne qui l'égale. Au nom d'Allah ! n'avez-vous pas vu le tarchoun qui loin de moi s'est envolé ?

Na'ùra. – Un oiseau a laissé au fond de mon cœur son amour, et je ne veux pas chercher d'autre ami. Quel autre plaisir pourrais-je goûter après avoir connu celui de vivre avec lui nuit et jour ? Les heures des nuits se passaient dans le plaisir et le bonheur. Quelles joies la séparation a transformé pour moi en détresse ! J'ai perdu mon capital, comme le laboureur à qui la pluie ne vient pas en aide.

Hariba. – Mon chéri s'est éloigné de moi et m'a laissé des grelots et ses burnous.

— Allah Allah cria quelqu'un dans l'assistance. L'oiseau – cet oiseau-là symbolise la légèreté spirituelle

— L'élévation de la terre vers le ciel, lui répond Zouina – élévation qui est attribut du domaine subtil.

Qsem. – Il a laissé chez moi son ombre ; il a laissé ses habits dans

ma chambre. Chaque fois que je les vois, je me rappelle sa figure et sa forme. C'était dans ces habits qu'il se balançait, avant qu'il ne s'envolât d'auprès de moi : un koubbil en velours vert, un anneau sur son œil, une cordelière de soie comme aucun cordelier n'en a tressé d'aussi belle.

Il avait des grelots d'or à sa droite et à sa gauche. Sur ses grelots j'ai mis mes amulettes et mes talismans.

Je suis sorti à la chasse avec lui pour distraire mon âme de ses soucis. La chasse avec lui me fait oublier les inimitiés et les contrariétés des gens. J'ai dénoué sa chaîne et je l'ai lâché complètement. Je ne pouvais imaginer qu'il me trahirait ; mais je me suis trompé ; et je reste le cherchant sans cesse, interrogeant tous ceux que je rencontre ; mais ni cavalier ni piéton ne m'a apporté de ses nouvelles.

Zouina s'interrompit, brusquement et pensa que l'envol s'appliquait universellement à l'âme, dans son aspiration à l'état supérieur. L'envol n'est-il pas assimilé, comme disent les Soufis, à la sortie de l'âme de son enveloppe terrestre ?

Na'ùra. – Ma lune a disparu. A la tête des hommes libres ses actes sont les meilleurs, En aucun temps je n'ai vu de mes yeux figure comme la sienne. J'avais vexé mes jaloux, et maintenant c'est eux qui jouissent de mon malheur ; et mon état est pire que celui d'un malade.

Hariba. – Mon chéri s'est éloigné de moi et m'a laissé ses grelots et ses koubbil.

Qsem. – Le lion le craignait et faisait taire ses petits en les menaçant de sa venue. Les plus forts des aigles et des orfraies, il me les a soumis.

Dans les déserts, il chassait et il fondait sur la gazelle. Il chassait pour moi les chevreuils, les antilopes et les cerfs. Les colombes, les tourterelles et les perdrix comment pourraient-elles lui résister ? Quant au hibou, mon oiseau ne daigne pas même tourner la tête vers lui. J'ai peur que mes

ennemis ne le rencontrent et l'enchaînent et qu'ils ne tournent contre lui leur haine de vaincus qui n'oseraient se mesurer à moi. Je demande à mon Créateur de nous sauver de l'envie et de nous rassembler sur les hauteurs glorieuses. Nous vivrons alors dans des plaisirs incomparables, nous passerons nos journées comme naguère quand je faisais seller mon cheval.

De la source de l'Oued Fès à la source du Sebou nous irons sur les hauteurs

Et . nous aurons des parties de plaisir. Que m'importent les jaloux ?

Harba. – J'ai perdu un tarchoun à la chasse et je n'ai vu personne qui l'égale. An nom d'Allah ! n'avez-vous point vu l'oiseau qui loin de moi s'est envolé ?

— Celui qui comprend a des ailes, disait le chérif Reguragui d'Ounagha, et l'intelligence est le plus rapide des oiseaux.

Zouina était l'élément détonateur et l'objet de la nostalgie. Elle est restée meurtrie par la fatalité – Elle a rarement connu le bonheur, si on excepte les deux mois du printemps quand elle épousa un matin Raïs Madani – un vrai coup de foudre portuaire.

Ma gazelle s'est éloignée ; et voici qu'une heure est devenue pour moi une année et l'année comme un très long siècle. J'abandonnerais mes richesses à qui me montrerait une route vers lui. Et maintenant mes contempteurs se réjouissent ; mais j'espère redevenir pour eux ce que j'étais auparavant quand je passais devant eux laissant fièrement traîner mes longs habits.

La flamme amoureuse a fait long feu. Le marin continue à écumer les mers et Zouina sa femme à ressasser les clichés du désamour. Les mirages s'évanouissent et apparaît le vide quotidien.

Tant que dans tes veines
Coulera ton sang,
Chasse l'ennui,
Bannis le chagrin
Ris d'être vivant
Tant que brûle ta chandelle
Sois heureux de ta vie.

Les musulmans peuvent épouser jusqu'à quatre femmes, toutes à l'intérieur de la maison. Raïss Madani a une seule femme, toujours à l'extérieur.

Affaiblie par l'amour brisé et la vie horizontale, elle décida après son divorce d'effectuer le pèlerinage à la Mecque.

Zouina la cheïkha, hier encore méprisée, est devenue l'honorable, la respectable Hajja Zouina.

Finie la frivolité sur commande, finie la comédie vulgaire, finies les chansons à l'eau de rose.

Les mots d'aujourd'hui doivent redonner vie aux espérances d'hier.

— Adieu honte, colère, stupre et humiliation, adieu sentiments tordus qui m'ont minée depuis l'enfance.

— Le bonheur, se dit-elle en riant très fort, le bonheur coûte cher, le malheur ne coûte rien, il vous tombe dessus comme ça – fabor.

Si Tijani n'avait qu'une passion : les livres. Son imposante bibliothèque était composée de centaines d'ouvrages de plusieurs disciplines : littérature, poésie, jurisprudence et aussi des livres rares et des manuscrits. Il fallait voir Si Tijani caresser un vieil ouvrage écrit sur parchemin.

— Fascinant destin que celui de ce vieux manuscrit que je déploie devant vous, disait-il à ses hôtes. Cet ouvrage a triomphé de l'outrage du temps, il reflète une partie du savoir. Il me plonge au cœur de la connaissance humaine et me fait participer aux joies et aux peines de ses auteurs.

Quel plaisir que de feuilleter les pages jaunies, empreintes d'odeur de poussière et dont les feuillets au toucher humide captent les rayons de lumière.

Si Tijani aimait les livres. Toutes ses économies étaient investies dans l'achat des ouvrages aux enchères publiques tous les vendredis à Souk El Ghzal.

Avec ses enfants, il entretenait des relations épistolaires.

C'est lui qui inculqua à ses enfants l'amour de l'écrit et de la lecture.

"Ce siècle, malheureux, est duperie. Que ses fallacieuses tromperies ne t'abusent point !

Ne t'attache pas à un état, mais avec les jours, tourne comme ils tournent !".

Ce court poème de Badiaâ Ezzamane el Hamadani est tiré des Maqamates (les séances).

Tout au long d'un mois de Ramadan, Si Tijani initia à ses enfants à ce monument de la littérature arabe.

Dans la peinture des mœurs, d'abord, sans nul doute, les lettrés auxquels s'adressent les Séances d'el Hamadani se sont plu à se retrouver dans ces tableautins, avec leurs préoccupations littéraires, leur goût de la discussion sur des faits de langue ou de grammaire ; ils se sont diverti aussi à la peinture de cet Aboulfath peut-être croqué sur des bohèmes bien connus d'eux ; non sans malice, l'aristocratie de Nichapour a dû savourer la satire du bourgeois, du parvenu, si alertement menée dans la Séance de la Madîra ; les contemporains ont dû rire à la narration de scènes scandaleuses comme celle rapportée dans la Séance du Vin ; ils ont senti la vérité de certains traits, l'ingéniosité de l'écrivain à en souligner la profondeur sans rien perdre en discrétion et en légèreté. Le réalisme de certaines descriptions révèle chez el Hamadani un don d'observation sinon aigu du moins très en éveil. S'est-il avisé d'être un censeur des mœurs ? Son intention de plaire et d'amuser n'autorise pas absolument à l'affirmer. Pourtant, avec ses Séances nous sommes tout près de la satire des mœurs.

" Je veux de toi du pain sur une table nette.

Je veux du gros sel ; je veux des variantes fraîches Je veux de la viande tendre ; je veux du vinaigre acide.

Je veux un chevreau de lait ; je veux un agnelet.

Je veux de l'eau avec de la neige dans un vase précieux.

Je veux un pot de vin, qu'ivre je laisserais, un échanson diligent, aimable au cœur.

Je veux une mule de Marw et je ne veux pas une bête étique, ou un cheval de race galopant légèrement sous moi, ou bien des chanteuses qui se tiendraient devant moi, alignées.

Je veux un esclave au clair visage et à la taille fine qui soit la nuit mon épouse et le jour mon serviteur, qui, lorsqu'il y aura réception, sera grave, et qui, dans l'intimité, sera enjoué.

Je veux de toi une tunique, un manteau et un turban.

Je veux de grosses chaussures pour me rendre au lieu secret.

Je veux un peigne et un rasoir ; je veux un seau et de l'étoupe de palmier.

Quel aimable invité je serai pour vous ! et comme tu seras un bon hôte.

Je me contenterai de recevoir cela de toi et je ne veux pas te pressurer ".

J'avoue que j'ai rougi au moment où mon père parla d'un "esclave qui soit la nuit épouse et le jour serviteur".

— Dans la vie, dit Si Tijani, rien n'est honteux dans la limite de la bienséance, ce qui est honteux c'est l'ignorance.

" Je possédais, dans le passé, raison, foi et rectitude.

Plus tard, j'ai troqué (Dieu soit loué !) science du légiste contre art du ventouseur.

Certes, si nous vivons encore un peu, je prierais Dieu de faire mon salut !

Trêve de reproches ! Quel filou tu peux voir en moi !

Je suis celui que connaissent le Tihamien et le Yéménite.

Je suis originaire de toute terre et de tout lieu.

Un moment, je suis pilier du mihrab, un autre, de la taverne.

Ainsi agit quiconque est sage à notre époque ".

Je ne peux cher lecteur clore ce chapitre sans partager avec toi la délicieuse Maqâma du montreur du singe.

'Isa ibn Hicham nous a raconté ce qui suit :

" Je me trouvais (à Bagdad) dit Badia Ezzaman la ville du salut, de retour de (La Mecque) la Cité Sacrée. A la manière des promeneurs, je flânais sur le bord du Tigre, considérant ces étrangetés et scrutant ces splendeurs offertes à ma vue, quand soudain, j'arrivais auprès d'un cercle de gens massés, se tordant de joie, la bouche fendue jusqu'aux oreilles par le rire. Mû par l'envie de savoir ce qui les attirait, je m'approchais jusqu'à entendre la voix d'un homme dont je ne voyais pas le visage, tant étaient fortes la presse et la ruée.

C'était un montreur de singe qui faisait danser sa bête et déclenchait ainsi le rire. {Pour mieux voir}, je me mis aussi à sauter comme un chien en laisse et me glissais, tel un boîteux, parmi les gens, l'épaule de l'un me renvoyant sur le ventre de l'autre, si bien que je me retrouvais à fouler la barbe de deux hommes. Je m'assois après cet exténuant effort, un flot de salive, par confusion, me restant dans la gorge, m'étouffant tellement j'étais à l'étroit.

Quand le montreur de singe eut terminé ses tours et que les lieux se furent vidés de la foule, je me levais, enveloppé tout entier de stupeur ; je restais debout pour voir l'aspect de l'homme. C'était, par Dieu, Maître Aboulfath Iskandari !

" Dans quel état de déchéance es-tu tombé, malheureux ! " lui dis-je. Et lui de me répondre :

" La faute en est au temps et non à moi, accuse donc les vicissitudes des jours.

Par ces sorties, j'atteins mes désirs et je me drape (aux yeux des gens) dans les vêtements de la Beauté ".

Cette maqâmat ne m'a rien coûté, gracieusement fabor.

— Quoi ? Ce nabot, ce gnome qui ne mesure pas plus d'un mètre cinquante…

— Et oui ! ce nain, comme vous dites avec mépris, est un colosse de l'entreprise marocaine.

— Et analphabète, m'a-t-on dit.

— Illettré – pas analphabète – illettré. Ou si voulez délettré.

— Qu'importe, c'est un ignare !

— Ignorant – pas ignare. Il n'a peut-être pas la connaissance des lettres, mais c'est un crack, un champion en chiffres... Il pèse plusieurs milliards.

— Il a probablement hérité d'une grosse fortune.

— Pas le moins du monde. A l'âge de vingt ans, alors qu'il vivait dans un grand dénuement, il vendit une petite outre d'huile et des œufs à la gare de Satiam.

— Ça alors ! Je n'en reviens pas.

— Pour son premier voyage Mogador-Marrakech, il paya son billet avec une remise de 50%.

— Je suis, dit-il au chauffeur du car, si menu, si petit. Je suis un Nass Blassa – une demi-place – mini place.

C'est ainsi que le hardi et courageux Omar Tissir tenta fortune dans le bâtiment. Ne dit-on pas que la fortune sourit aux audacieux ?

— L'argent que je ne gagne pas est de l'argent perdu, disait-il.

— Casa – Mogador fabor – l'expression est de lui –

Hadj Omar Tissir s'installa à Casablanca, fonda l'entreprise qui porte son nom après avoir signé un contrat mirifique avec la première firme phosphatière, l'O.C.P. Nass Blassa, naguère méprisé par tous, hier encore traité de nabot, d'avorton, de pygmée blanc, Hadj Omar Tissir voit maintenant les hypocrites, les envieux se presser pour l'approcher, lui parler, lui baiser la main. Cette main qui distribue des dons. Ils font tout pour lui plaire, pour chanter ses supposées qualités. Ils ne se plient pas au métier de courtisan, ils s'y vautrent avec volupté sans le moindre cas de conscience, arrivistes de l'espèce la plus féroce et la plus affûtée.

Les mots n'ont plus besoin de moi pour dire et redire Mogador et ses gens. Il faut bien que je consente à me taire – pour le bavard impénitent que je suis, se taire, ça coûte.

Ce n'est pas donné – ce n'est pas fabor.

14 décembre 2003

Itinéraire

Stage d'Art Dramatique sous la direction de André Voisin et Charles Nugues (Rabat).
Etudes théâtrales au C.D.O. (Rennes, France) sous la direction de Hubert Gignoux, et au T.N.P. (Paris) sous la direction de Jean Vilar.
Stage de perfectionnement à l'Ecole Supérieure de Strasbourg (France).
Fondateur du Théâtre Ouvrier (Casablanca).
Professeur à l'Ecole de Théâtre (Rabat).
Stage et voyage d'études en Allemagne (Berliner Ensemble).
Professeur au Conservatoire (Casablanca).
Directeur artistique du Théâtre National Mohammed V.
(1964)
Fondateur du Théâtre Ambulant.
Fondateur de Masrah-Ennas (le Théâtre des gens).
Fondateur du Café-Théâtre (Casablanca, 1970).
Directeur Général du Théâtre Municipal de Casablanca (1964-1977).
Ancien membre de l'Institut International du Théâtre (Comité Exécutif : UNESCO).

Chargé de mission du ministère d'Etat Chargé du Tourisme (1980-1982).

Fondateur du Festival d'Essaouira
(La Musique d'abord, 1980).
Fondateur du Théâtre Mogador (1997).
Chevalier des Arts et Lettres (France).
Officier des Arts et Lettres (France).
Wissam Al Kafaa al Fikriya (2004).

Oeuvres de Tayeb Saddiki
Déjà parus :

En français
Le dîner de Gala, comédie, éditions Eddif
Nous sommes faits pour nous entendre, éditions Eddif
Les Sept grains de beauté, éditions Eddif
Pour l'Amour de l'humanité, éditions Eddif
Un Incident technique indépendant de notre volonté, éditions Eddif

En arabe
Diwan Sidi Abderrahman Majdoub, éditions Stouky
Eléphant et Pantalons, éditions Boukili
Le Jardin de l'absinthe, éditions Boukili
Même une fève, éditions Boukili
Caftan d'Amour, éditions Boukili
Maqamat Badiaâ Ezzamane, éditions Boukili
Abu Hayane, éditions Boukili
Abu Nouass, éditions Boukili

En espagnol
Pour l'Amour de l'humanité, comédie
En hébreu
Maqamat Badiaâ Zamane
Al Fil wassarawil

En italien
Les Sept grains de beauté.

A paraître :

En français
Par cœur, éditions Toubkal
Le Théâtre de Tayeb Saddiki et la presse
Le Théâtre des gens
Fragrances marines (poèmes), éditions les Alizés
Kwiza la blanche (Roman)

En arabe
Par cœur (Dahri Qalb)
Masrah Ennass
Le Théâtre de Saddiki et la presse.
Moummou Boukhorsa
Mahjouba
Volpone
Al Moufattiche

A traduit et adapté une vingtaine d'œuvres dramatiques du répertoire international (France – Italie – Angleterre et Egypte).

A écrit 26 pièces de théâtre (en arabe et en français).

A écrit, en collaboration, 15 pièces de théâtre – dont 7 fresques historiques.

A collaboré, avec André Paccard, à l'écriture des Arts traditionnels dans l'Architecture musulmane au Maroc. (éd. Atelier 74)

A mis en scène un répertoire composé de plus de soixante-dix œuvres.

A joué en tant que comédien dans cinquante pièces, une dizaine de films et dans trente dramatiques et émissions télévisées.

A réalisé (et produit) pour la télévision une trentaine d'œuvres (téléfilms dramatiques, etc.).

A réalisé pour le cinéma quatre courts-métrages et un long métrage "Zeft".

A réalisé une dizaine de documentaires (vidéo).
Peintre-calligraphe : dix-huit expositions au Maroc et douze expositions en Tunisie, Koweït, Qatar, Sultanat d'Oman, France, Belgique, Canada.

PIECES ORIGINALES DE TAYEB SADDIKI

Fi Tarik (en route)
Diwan Sidi Abderrahman El Mejdoub
La Bataille de Zellaqa – fresque historique
Maqamat Badiaâ Ezzamane El Hamadani
Essefoud
La Légende du pauvre
Le livre des délectations et du plaisir partagé, d'après Tawhidi
Le Dîner de Gala (en français).
La Bataille des trois Rois
Les sept grains de beauté (en français)
Nous sommes faits pour nous entendre (en français)
Molière ou pour l'Amour de l'Humanité (en français)
Un incident technique indépendant de notre volonté (en français)
Alfil wa sarawil – Eléphant et pantalons
Jrada malha – Sauterelle salée
Bint al ar-ar – La Fille en thuya
Walaw kanet Foula – Ne serait-ce qu'une fève
Al mataâm al baladi – La Gargote
Caftan al hob – Caftan d'Amour
Al moudaf ilayhi
Baddaz
Jnane chiba – Le Verger de l'absinthe

Ajjen al meltem – Le Lutin voilé
Ayyam al barghout – Le Temps des puces
As'hour
Tiw Tiw
Al Masrah Al Mahdoum

PIECES ECRITES EN COLLABORATION

Soltan Tolba (A. Kenfaoui)
Moulay Ismaïl (Saïd Saddiki)
Les moutons répètent (Ahmed El Alj)
El Harraz (Chraïbi)
Pour mon pays bien-aimé (Haddani)
Nour wa dayjour (Chraïbi)
Kane ya ma kane (Saïd Saddiki)
La Marche Verte (création collective)
Ben Brahim le poète (création collective)
Alf Hikaya wa hikaya (Nidal ashkar et Walid Saïf)
Massiratouna (création collective)
Aswat wa Adwa'a (Saïd Saddiki et Mohamed Kaouti)
Abou Nouass (Saïd Saddiki)
Le Maroc est Un (Saïd Saddiki)
Iqad Essaouira (Mohamed Ben Saïd Saddiki et Saïd Saddiki).

PIECES ADAPTEES EN ARABE PAR TAYEB SADDIKI

Le Médecin volant (Molière)
La Jalousie du Barbouillé (Molière)
La Farce de Maître Pathelin
Le Légataire universel (Regnard)
Le Revizor (Nicolas Gogol)
L'Assemblée des Femmes / Lysistrata (Aristophane)
Lady Godiva (Carrole)
Le Voyage de Tchong-li (Sacha Guitry)
La Locandiera (Carlo Goldon)
L'Ecole des Femmes (Molière)
En Attendant Godot (Beckett)
Volpone (Ben Johnson)
La Peur des coups (Courteline)
Le Jeu de l'Amour et du Hasard (Marivaux)
Amédée ou comment s'en débarrasser (Ionesco)
Piège pour un homme seul (Robert Thomas)
Le Journal d'un fou (Gogol)
Fando et lys (Arrabal)
Misère et Noblesse (Scarpetta)

REPERTOIRE

1954 Bonhomme Misère (A. Voisin).
Les Fourberies de Jeha (d'après Molière),
Adaptation de Atae Wakil.
Les Gens de la Caverne, de Tawfiq El Hakim.

1955 Hamlet, de Shakespeare, traduction de Khalil Matrane.
Le Médecin Volant, de Molière, adaptation de Tayeb Saddiki.
La Jalousie du Barbouillé, de Molière, adaptation de
Tayeb Saddiki
El Warith, d'après le Légataire Universel, de Regnard,
adaptation de Ahmed El Alj et Tayeb Saddiki.

1957 Volte-Face, de Tawfik El Hakim, adaptation de
Tayeb Saddiki.
Al Moufattich, d'après Le Revizor, de Nicolas Gogol,
adaptation de Tayeb Saddiki.

1959 Al jinn et Latif, d'après l'Assemblée des Femmes et Lysistrata d'Aristophane, adaptation de Tayeb Saddiki.

Pantagleize, de Michel de Ghelderode (en français).
1960 Le Carthaginois, de Plaute (en français)
Volpone, d'après Ben Johnson, adaptation de Tayeb Saddiki.
Les Fourberies de Scapin (en français).
La Peur des coups, de Courteline, adaptation de Tayeb Saddiki.

1961 Lady Godiva, de Carrole, adaptation de Tayeb Saddiki.
Mahjouba, d'après l'Ecole des Femmes de Molière, adaptation de Tayeb Saddiki.

1962 Le Dernier Acte, d'Aziz Seghrouchni.
Le Voyage de Tchong-li, de Sacha Guitry, adaptation de Tayeb Saddiki.

1963 La Bataille des trois Rois, de Saïd Saddiki et Tayeb Saddiki.

1964 Moummou, d'après Amédée ou Comment
s'en débarrasser, de Ionesco, adaptation de Tayeb Saddiki.
Hamid et Hammad, de Abdellah Chakroun.

1965 Soltan Tolba, de Abdessamad Kenfaoui et Tayeb Saddiki.
Le Maroc est Un, de Saïd Saddiki et Tayeb Saddiki.

1966 Madinat Ennouhas, de Saïd Saddiki.
Piège pour un homme seul, de Robert Thomas, adaptation de Tayeb Saddiki.
Fi Tarik, de Tayeb Saddiki.

1967 Diwan Sidi Abderrahman El Mejdoub, de Tayeb Saddiki (Prologue de Saïd Saddiki).

1968 Moulay Ismaïl, de Saïd Saddiki.

1969 Les Moutons répètent, d'Ahmed El Alj et Tayeb Saddiki.

1970 Kaddour Nour et Ghandour, d'après Fonado et
Lys de Arrabal, adaptation de Tayeb Saddiki.
Je mange de ce pin-là, de Tayeb Saddiki (en français).

1971 Pour mon pays bien-aimé (création collective).

1972 Nour et Deyjour, de Abdeslam Chaïbi et Tayeb Saddiki.
Tant qu'elle caquette, de Ali Haddani.
Kan ya ma kane, de Saïd Saddiki et Tayeb Saddiki.

1974 Al Qouq Fi Sandouq, d'après Misère et Noblesse de Scarpetta, adaptation de Tayeb Saddiki.
Moulay Idriss, de A. Beqqali.
Essefoud, de Tayeb Saddiki.

1975 La Marche Verte (création collective).
La Légende du pauvre, de Tayeb Saddiki.
Ben Brahim le poète (création collective).

1976 Al Ghoufrane, de Azeddine Madani.

1977 Bouktef, de Abdesssamad Kenfaoui.

1981 Iqadh Assarira Fi Tarikh Essaouira, de Mohamed Ben Saïd Saddiki.

1983 Chants Mystiques du Maroc, de Tayeb Saddiki.

1984 Le Livre des délectations et du plaisir partagé

(La vie de la mort de Abu Hayyane Tawhidi), de Tayeb Saddiki.

1985 Alf Hikaya, de Walid Seïf (scénario de Tayeb
Saddiki et Nidal Ashkar), dialogue de Walid Seïf.
Massiratouna (création collective).
Nahnou (création collective).

1989 Aswat Wa Adwae (création collective).

1991 Les Sept grains de beauté, de Tayeb Saddiki (en français).

1992 Nous sommes faits pour nous entendre, de Tayeb Saddiki (en français).

1993 Molière ou pour l'Amour de l'Humanité, de Tayeb Saddiki (en français).
Abou Nouass, de Saïd Saddiki et Tayeb Saddiki.

1995 Un Incident technique indépendant de notre Volonté, de Tayeb Saddiki.
1996 Douze "Bsat" (Douze pièces théâtrales traditionnelles), de Tayeb Saddiki.

1997 Eléphant et pantalons, de Tayeb Saddiki.
Le Jardin de l'absinthe.
Ne serait-ce qu'une fève, de Tayeb Saddiki.

1998 Caftan d'Amour, de Tayeb Saddiki.

2000 Moummou Boukhersa, d'après Amédée ou Comment s'en débarrasser, nouvelle adaptation de Tayeb Saddiki.

2001 Tiw Tiw, comédie.
2002 As'hour comédie
2003 Al Masrah Al Mahdoum